（北魏）酈道元 注

明鈔本水經注

第三册

國家圖書館出版社

第三册目録

水經卷第九

桑欽撰　　酈道元注

清水　　沁水　　淇水

蕩水　　洹水

清水出河内脩武縣之北黒山

黒山在縣北白鹿山東清水所出也上承諸陂散泉積以成川南流西南屈瀑布乘巖懸河注壑二十餘丈雷扑之聲震動山谷左右壁層深獸跡不交隍中散水霧合視不見底南峯北嶺多結禪栖之士東巖西谷又是剎靈之圖竹栢之懷與神心眇遠仁智之性共山水効深更為勝處也其水歷

澗流飛清洞觀謂之清水矣溪曰瑶溪又曰瑶澗水又南與小瑶水合水近出西溪北窮溪東南流注之清水清水又東南流吳澤陂水注之水上承吳陂於脩武縣故城西北脩武故甯也亦曰南陽矣馬季長曰晉地自朝歌以北至中山為東陽朝歌以南至軹為南陽故應劭地理風俗記云河内殷國也周名之為南陽又曰晉始啓南陽今南陽城是也秦始皇改曰脩武徐廣王隱並言始皇改瓚注漢書云案韓非書秦昭王越長平西伐脩武時秦未兼天下脩武之名久矣余案韓詩外傳言武王伐紂勒兵於甯更名甯曰脩武矣魏獻子

田大陸還卒於甯是也漢高帝八年封都尉魏遬為侯國亦曰大脩武有小故稱大小脩武在東漢祖與勝公濟自玉門津而宿小脩武者也大陸即吳澤矣魏土地記曰脩武城西北二十里有吳澤水陂南北二十許里東西三十里西則蔡溝入焉水有二源北水上承河內野王縣東北界溝為長明溝分枝津東逕雍城南寒泉水注之水出雍城西北泉流南注逕雍城西春秋僖公二十四年王伐鄭富辰諫曰雍文之昭也京相璠曰今河內出山陽西有故雍城又東南注長明溝溝水又東逕射大城北漢大司馬張楊為將楊醜所害睢固殺

醜也此欲北合袁紹與略曰睢固字白菟或戒固
曰将軍字菟而此邑名犬菟見犬其勢必驚宜急
去菟不從漢興平四年魏太祖斬之於此以魏种
為河内太守守之兖州叛太祖曰唯种不棄孤及
走太祖怒曰种不南走越北走胡不置汝也射犬
平禽之公曰准其才也釋而用之故長明溝水東
入石澗東流蔡溝水入焉水上承州縣北白馬溝
東分為之蔡溝東會長明溝水又東逕修武縣之
具亭北東入吳陂又次北有荀泉水入焉水出山
陽縣故修武城西南同源分派裂為二水南為荀
泉北則吳瀆二瀆雙導俱東入陂山陽縣東北二

十五里有陸真阜南有皇毋馬鳴二泉東南合注
于吳陂也次陸真阜之東北得覆釜堆堆南有三
泉相去四五里參差合次南注于陂泉在濁鹿城
西建安二十五年魏封漢獻帝為山陽公濁鹿城
即是公所居也陂水之北際澤側有隤城也春秋
隱公十一年王以攢茅隤十二邑與司寇蘇忿生
者也京相璠曰河内修武縣北有故隤城實中今
世俗謂之皮塏方四百步實中高八丈際陂北隔
水一十五里俗所謂蘭丘也方二百步西一十里
又有一丘際山世謂之勑丘方五百步形狀相類
疑即古攢茅也杜預曰二邑在脩武縣北所未詳

也又東長泉水注之原出白鹿山東南伏流逕一十三里重源濬發於鄧城西北東南伏流世亦謂之重泉水也又逕七賢祠東左右筠篁列植冬夏不變貞萋魏步兵校尉陳留阮籍中散大夫譙國嵇康晉司徒河內山濤司徒琅耶王戎黃門郎河內向秀建威參軍沛國劉伶始平太守阮咸等同居山陽結自得之遊時人號之為竹林七賢也向子期所謂山陽舊居也後人立廟於其處廟南又有一泉東南流注于長泉水郭緣生述征記所去白鹿山東南二十五里有嵇公故居以居時有遺竹焉蓋謂此也其水又南逕鄧城東名之為鄧瀆

又謂之為白屋水也昔司馬懿征公孫淵還達白
屋即於此也其水又東南流逕隤城北又東南歷
澤注于陂泉水東流謂之八光溝而東流注于清
水謂之長清河而東周永豐塢有丁公泉發于焦
泉之右次東又得焦泉泉發于天門之左天井固
右天門山石自空狀若門焉廣三丈高兩匹深丈
餘更無所出世謂之天門也東五百餘步中有石
穴西向裁得容人平得東南入徑至天井直上三
匹有餘扳躡而昇至上平東西二百步南北七百
步四面險絕無由昇陟矣上有比丘釋僧訓精舍
寺有十餘僧給養難周多出下平有志者居之寺

左右雜樹疎頒有一石泉方丈餘清水湛然嘗無增減山居者資以給飲北有石室二口舊是隱者念一之所今無人矣泉發於北阜南流成漢也世謂焦泉也次東得魚鮑泉次東得張波泉次東得三淵泉梗河參連女宿相屬是四川在重門城西並單川南注也重門城昔齊王芳為司馬師廢之宮於此即魏志所謂送齊王于河內重門者也城在共縣故城西北二十里城南有安陽陂次東又得卓水陂穴東有百門陂陂方五百步在共縣故城西漢高帝八年封盧罷師為共侯國即共和之故國也共伯既歸帝政逍遥于共山之上山在國

北所謂共北山也仙者孫登之所處袁彦伯竹林七賢傳嵇叔夜嘗採藥山澤遇之於山冬以被髮自覆夏則編草為裳彈一絃琴而五聲和其水三川南合謂之清川又南逕凡城東司馬彪袁崧郡國志曰共縣有汎亭詩凡伯國春秋隱公七年經書王使凡伯來聘是也杜預曰汲郡共縣東南有凡城今在西南其水又西南與前四水總為一瀆又謂之陶水南流注于清水清水又東周新豊塢又東注也

東北過獲嘉縣北

漢書稱越相呂嘉及武帝元鼎六年巡行於汲郡

中鄉得呂嘉首因以為獲嘉縣後漢封侍中馮石
為侯國縣故城西有漢桂陽太守趙越墓冢北有
碑越字彥善縣人也累遷桂陽郡五官將尚書僕
射遭憂服闋守河南尹建寧中卒碑東又有一碑
碑北有石柱石牛羊虎俱碎淪毀莫記清水又東
周新樂城城在獲嘉縣故城東北即汲水新鄉也

又東過汲縣北

縣故汲郡治晉太康中立城西北有石夾水飛湍
濬急也人亦謂之磻溪言太公常釣於此也城東
門北側有太公廟廟前有碑碑云太公望君河內
汲人也縣民故會稽太守杜宣白令崔瑗曰太公

甫生於汲舊居猶存君與高國同宗太公載在經傳今臨此國宜正其位以明尊祖之義於是國老王喜廷掾鄭篤功曹邠勤等咸曰宜之遂立壇祀為之位主城北三十里有太公泉泉上又有太公廟廟側高林秀水翹楚競茂相傳云太公之故居也晉太康中范陽盧無忌為汲令立碑於其上太公避紂之亂屠隱市朝遁釣魚水何必渭濱然後磻溪苟愜神心曲渚則可磻溪之名斯無嫌矣清水又東逕故石梁下梁跨水上橋石崩褫餘基尚存清水又東與倉水合水出西北方上山西倉谷谷有倉王珉石故名為其水東南流潛行地下又

東南復出俗謂之雹水東南歷坶野自朝歌以南
南暨清水土地平衍據皐跨澤悉坶野矣郡國志
曰朝歌縣南有牧野竹書紀年曰周武王率西夷
諸侯伐殷敗之于坶野詩所謂坶野洋洋檀車煌
煌者也有殷大夫比干冢前有石銘題隸云殷大
夫比干之墓所記唯此今已中折不知誰所誌也
太和中高祖孝文皇帝南巡親幸其墳而加弔焉
刊石樹碑列于墓隧矣雹水又東南入于清水又
東南逕合城南故三會亭也以淇清合河故受名
焉清水又屈而南逕屬皇臺東北南注之也
又東入于河

謂之清口即淇河口也蓋互受其名耳地理志曰
清河水出内黄縣南無清水可來所有者唯鍾是
水耳蓋河徙南注清水瀆移唯流逕絶餘目故東
川有清河之稱相嗣不斷自尚存故東川曹公開
白溝遏水北注方復故瀆矣

沁水出上黨沮縣謁戾山

沁水即洎水也或言出穀遠縣羊頭山也靡谷三
源奇注逕瀉一隍又南會三水歷洛出左右近溪
參差翼注之也

南過穀遠縣東又南過猗氏縣東

穀遠縣王莽之穀近也沁水又南逕猗氏縣故城

東劉聰以詹事魯縣爲冀州治此也沁水又南歷猗氏關又南與驫驫水合水出東北巨峻山乘高瀉浪觸石流響世人因聲以納稱西南流注于沁沁水又南與秦川水合水出巨峻山東帶引衆溪積以成川又西南逕端氏縣故城東昔韓趙魏分晉遷晉君於端氏縣即此是也其水南流入于沁水

又南過陽阿縣東

沁水南逕陽阿縣故城西魏土地記曰建興郡治陽阿縣郡西四十里有沁水南流沁水又南與濩澤水合水出澤城西白澗嶺下東逕濩澤墨子曰舜漁濩澤應劭曰澤在縣西北又東逕濩澤縣故

城南蓋以澤氏縣也竹書紀年梁惠成王十九年晋取玄武濩澤者也其水際城東注又東合清淵水水出其縣北東南經澤城東又南入于澤水澤水又東得陽泉水口出鹿臺山山上有水淵而不流其水東逕陽陵城南即陽阿縣之故城也漢高帝七年封下訢為侯國水歷嶕燒山東下與黑嶺水合水出西北黑嶺下即開蹬也其水東南流逕北鄉亭下又東南逕陽陵城東南注陽泉水陽泉水又南注獲澤水又東南又有上澗水注之水導源西北輔山東逕銅于崖南歷析城山北山在濩澤南禹貢所謂砥柱析城至于王屋也山甚高峻

上平坦山有二泉東濁西清左右不生草木數十
步外多細竹其水自山陰東入濩澤水濩澤水又
東南注于沁水沁水又東南陽阿水在入焉水北
出陽阿川南流逕建興郡而其水又東南流逕午
壁亭東而南入山沿波漱石瀨澗八丈環濤轂轉
西南流入于沁水又南五十餘里沿上下步逕裁
通小竹細筍被于山渚蒙籠拔密奇爲翳薈也

又南出山過沁水縣北

沁水南逕石門也謂之沁口魏土地記曰河内郡
野王縣西七十里有沁水逕在沁水城西附城東
南流也石門是晉安平獻王司馬孚之爲魏野王

典農中郎將之所造也案其表云臣孚言臣被明
詔興河內水利臣旣到撿行沁水源出銅堤出屈
曲周迴水道九百自太行以西王屋以東層巖高
峻天時霖雨衆谷走水小口漂迸木門朽敗稲田
汎濫歲功不成臣輒按行去堰五里以外方石可
得數萬餘枚臣以為方石為門若天 旱增堰進
水若天霖雨陂澤充溢則閉方斷水空渠衍澇足
以成河雲雨由人經國之謀暫勞永逸聖王所許
願陛下時出臣表勑大司農府給人工勿使稽延
以贊時要臣孚言 詔書聽許於是夾岸纍石結以
為門用代木門枋故石門舊有枋口之稱矣溉田

頃畝之數間二歲月之功事見門側石銘矣水西有孔山山上石穴洞開穴内石上有車轍牛跡耆舊傳云自然成著非人功所就也其水南分為二水一水南出為朱溝水沁水又逕沁縣故城北蓋藉水以名縣矣春秋之少水也京相璠曰晉地矣又云少水今沁水也沁水又東逕沁水亭北世謂之小沁城沁水東右合小沁水水出北山臺渟淵南流為臺渟水南東入沁水沁又東倍澗水注之水北出五行之山南流注于沁水

又東過野王縣北

沁水又東邘水注之出太行之阜山即五行之異

名也淮南子曰武王欲築宮於五行之山周公曰五行嶮固德能覆也內貢迴矣使吾暴亂則伐我難矣君子以為能持滿高誘云今太行山也在河內野王縣西北上黨關也詩所謂徒殆野王道傾蓋上黨關即此山矣其水南流逕邘城西故邘國也城南有邘臺春秋僖公二十四年王將伐鄭富辰諫曰邘武之穆也京相璠曰今野王西北三十里有故邘城邘臺是也今故城當太行南路道出其中漢武帝封李壽為侯國邘水又東南逕孔子廟東廟庭有碑魏太和元年孔靈度等以舊字毀落上求脩復野王令范衆愛河內太守元真刺史

咸陽公高允表聞立碑於廟治中劉明駕呂次父
主簿向班虎荀靈龜以宣尼大聖非碑頌所稱宜
立記焉云仲尼傷道不行欲北從趙鞅聞殺鳴犢
遂旋車而反及其後也晉人思之於太行嶺南為
之立廟蓋往時迴轅處也余按諸子書及史籍之
文並言仲尼臨河而歎曰丘之不濟命也夫是非
太行迴轅之言也碑云魯國孔氏官於洛陽因居
廟下以奉蒸嘗斯言至矣蓋孔因遷山下追思聖
祖故立廟存饗耳其田劉累遷魯立堯祠於山矣
非謂迴轅於此也邘水東南逕邘亭西京相璠曰
又有亭在臺西南三十里今是亭在邘城東南七

八里蓋京氏之所謬耳或更有之余所不詳其水
又南流注于沁沁水東逕野王縣故城北秦昭王
四十四年白起攻太行道絶而韓之野王降始皇
拔魏東地置東郡衛元郡自漢陽徙野王即此縣
也漢高帝元年為殷國二年為河内王莽之後隊
縣曰平野矣魏懷州刺史治皇都遷洛省州復郡
水北有華嶽廟廟側有攢栢數百根對郭臨川負
岡蔭渚青青彌望奇可翫也懷州刺史頓立李洪
之之所經構也廟有碑焉是河内郡功曹山陽荀
靈龜以和平四年造天安元年立沁水又東朱溝
枝津入焉又東與丹水合水出上黨高都縣故城

東北阜下俗謂之源源水山海經曰沁水之東有林焉名曰丹林丹水出焉即斯水矣丹水自源東北流又屈而東注左會絕水地理志曰高都縣有莞谷丹水所出東南入絕水是也絕水出泫氏縣西北楊谷故地理志曰楊谷絕水所出東南流左長平水水出長平縣西北小山東南流逕其縣故城泫氏之長平亭也史記曰秦使左庶長王齕攻韓取上黨上黨民走趙趙軍長平使廉頗為將後遣馬服之子趙括伐之秦密侵武安君白起攻之括四十萬衆降起起坑之於此上黨記曰長平城在郡之南秦壘在城西二軍共食流水澗相去五

里秦坑趙衆收頭顱築臺於壘中因山為臺崔嵬
桀起今仍號曰白起臺城之左右沿山亘濕南北
五十許里東西二十餘里悉秦趙故壘遺壁舊存
焉漢武帝元朔二年以封將軍衛青為侯國其東
南流注絕水絕水又東南流逕泫氏縣故城北竹
書紀年曰晉列公元年趙獻子城泫氏絕水東南
與泫水會水導源縣西北玄谷東流逕一城故南
俗謂之都鄉城又東南逕泫氏故城南世祖建武
六年封萬普為侯國而東會絕水亂流東南入高
都縣右入丹水上黨記曰長平城在郡南山中丹
水出長平北山南流秦坑趙衆流血丹川由是俗

名為丹水斯為不經矣丹水又東南流注于丹谷
即劉越石扶風歌所謂丹水者也晉書地道記曰
縣有太行關丹溪為關之東谷途自此去不復由
關夫丹水又逕二石入北而各在一山角倚相望南
為河内北曰上黨三郡以之分境丹水又東南歷
西巖下巖下有大泉湧發洪源巨輪淵深不測蘋
藻冬芹竟川含綠雖嚴辰肅月蕪變暄萋丹水又
南白水注之水出高都縣故城西所謂長平白水
也東南流歷天井關地理志曰高都縣有天井關
蔡邕曰太行山上有天井關在井北遂因名焉故
劉歆遂初賦曰馳太行之嶮峻入天井之高關太

元十五年晉征虜將軍朱序破慕容永於大行遣軍至白水去長子一百六十里白水又東天井溪水會焉水出天井關北流注白水世謂之北流泉白水又東南流入丹水謂之白水交丹水入東南出山逕鄈城西城在山際俗謂之期城非也司馬彪郡國志曰山陽有鄧城京相璠曰河內山陽西北六十里有鄈城竹書紀年曰梁惠成王元年趙成侯偃韓懿侯若伐我葵即此城也丹水又南屈而西轉光溝水出焉丹水又西逕苑鄉城北南屈東轉逕其城南東南流注于沁謂之丹口竹書紀年日晉出公五年丹水三日絶不流幽公九年丹

水出相又擊即此水也沁水又東光溝水注之也
水首受丹水東南流界溝水出焉又南入沁水又
東南流逕成鄉城北又東逕中都亭南右合界溝
水水上承光溝東南流長明溝水出焉又南逕中
都亭西而南流注于沁水也

又東過周縣北

縣故周也春秋左傳隱公十有一年周以賜鄭公
孫段六國時韓宣子徙居之有白馬溝水注之水
首受白馬湖湖一名朱管陂陂上承長明溝湖水
東南流逕金亭西分為二水一水東出為蔡溝一
水南流于沁也

韓詩外傳曰武王伐紂到邢丘更名邢丘曰懷春秋時赤翟伐晋圍懷是也王莽以為河内故河内郡治也舊三河之地矣韋昭曰河南河東河内為三河也縣北有沁陽城沁水逕其南而東注也

又東過武德縣南又東南至滎陽縣北東入于河

沁水於縣南水積為陂通結數湖有朱溝水注之其水上承沁水於沁水縣西北自方口東南流奉溝水右出焉又東南流右泄為沙溝水也其水又東南於野王城西枝渠左水焉以周城漑東逕野王城南又屈逕其城東而北注沁水朱溝自枝渠

東南逕州城南又東逕懷城南又東逕殷城北郭緣生述征記曰河之北岸河内懷縣有殷城或謂楚漢之際殷王卬治之非也余按竹書絶年云秦師伐鄭次于懷城殷殷即是城也然殷之為名久矣知非從卬始昔劉聰以郭默為殷州刺史督緣河諸軍事治此朱溝又東南注于湖湖水又右納沙溝水水分朱溝南派東南逕安昌城西漢成帝河平四年封丞相張禹為侯國今城之東南有古冢時人謂之張禹墓余按漢書禹河内軹人徙家蓮芍鴻嘉元年禹以老乞骸自治冢塋起祠堂於平陵平之肥牛亭近延陵奏請之詔為徒亭哀帝

建平二年薨遂葬於被此則非也沙溝又東逕隰城北春秋僖公二十五年取叔於溫殺之於隰城是也京相璠曰在懷縣西南又逕殷城西東南流入於陂陂水又值東南流入于河先儒亦咸謂是溝為沛渠故班固及闞駰並言沛水至武德入河蓋沛水枝瀆條分所在布稱亦兼丹水之目矣

淇水出河內隆慮縣西大號山

山海經曰淇水出沮如山水出山側頽波漰注衝激横山山上合下開可減六七十步巨石磥砢交積隍澗傾瀾漭盪勢同雷轉激水散氛曖若霧合

又東北沾水注之水出壺關縣東沾臺下石壁崇

高昂藏隱天泉流發于西北隅與金谷水合金谷
即玷臺之西溪也東北會水又東流注淇水又逕
南羅川又歷之羅城北東北與女臺水會合水發
西北三女臺下東北流注于淇淇水又東北逕其
陽川逕石城西北城在原上帶澗枕淇淇水又東
北西流水注之水出東大嶺下西流逕石樓南在
北陵石上練垂桀立亭亭極峻其水西流水也又
東逕馮都壘南世謂之淇陽城在西北三十里淇
水又東出山分為二水會立石堰遏水以沃白溝
左為菀水右則淇水自元甫城東南逕朝歌縣北
竹書紀年晉定公二十八年淇絕于舊衛即此也

此下六葉錯簡在第七卷中

失機婢妾其性媢世求顯偷竊銀艾鄙辱天官易
識員東誠高之謂臣不勝鬼言謹因千里驛聞侍
高上之便西北去三十里車馬皆滅不復見東等
皆伏地物故高以狀聞詔下還巢西河田宅妻子
焉兼為差代以旌幽中之訟漢桓帝延和元年改
清河為甘陵王國以王妖言徙其年立甘陵郡治
此焉

又東北過東武城縣西

清河又東北逕陵鄉西應劭曰東武城西南七十
里有陵鄉故縣也後漢封太僕梁為松侯國故世
謂之梁侯城遂立侯城縣治也清河又東北逕東

武城故縣城西史記趙公子勝号平原君以鮮邯
鄲之功受封於此定襄有武城故加東矣清河又
東北逕復陽縣故城西漢高帝七年封右司馬
陳胥為侯國王莽更名之曰樂歲地理風俗記曰
東武城西北三十里有復陽亭故縣也世名之曰
檻城非也清河水又東北流逕棗強縣故城西史
記建元以來王子侯者年表云漢武帝元朔三年
封廣川惠王子嬰為侯國也應劭地理風俗記曰
東武西北五十里有棗強城故縣也
又北過廣川縣東
清水北逕廣川縣故城南闞駰曰縣有長河為流

故曰廣川也水側有羌壘姚氏之故居也今廣川縣治清河又東北逕歷縣故城南地理志信都之屬縣也王莽更名曰歷寧也應劭曰廣川縣西北三十里有歷城亭故縣也今亭在縣東如北水濟尚謂之為歷口渡也

又東過脩縣南又東北過東光縣西

清河又東北左與張甲屯絳故瀆合阻深堤高鄣無復有水矣又逕脩縣故城南屈逕其城東脩音條王莽更名之曰治脩郡國志曰故屬信都清河又東北左與黄漳枝津故瀆合又東北逕脩國故城東漢文帝封周亞夫為侯國故世謂之北脩城

也清河又東北逕邸閣城東城臨側清河晉脩縣治城內有縣長魯國孔明碑清河又東至東光縣西南逕胡蘇亭者是世謂之羌城非也又東北右會大河故瀆又逕東光縣故城西後漢封耿純為侯國初平二年黄巾三十萬人入浡海公孫瓚破之於東光界追奔是水斬首三萬流血丹水即是水也

又東北過南皮縣西

清河又東北無棣溝出焉東逕南皮縣故城南又東逕樂亭北地理志之臨樂縣故城也王莽更名樂亭晉書地道志太康地記樂陵國有新樂縣即此

城矣又東逕新鄉城北即地理志高樂故城也王
莽更之曰為鄉矣無棣溝又東分為二瀆無棣溝
又東逕於樂陵郡北又東屈而北出又東轉逕宛
鄉故城南又東南逕高成縣故城南與枝瀆合溝
上承無棣溝南逕樂陵郡西又東南逕千童縣故城
東史記建元以來王子侯者年表曰故重也一作
千鍾漢武帝元朔四年封河間靖王子劉陰為侯
國應劭曰漢靈帝故曰饒安也滄州治枝瀆又南
東屈東北注無棣溝無棣溝又東北逕一故城北
世謂之功城也又東北逕鹽山東北入海春秋僖
公齊楚之盟於邵陵也管仲曰昔召康公賜命先

君太公履北至於無棣蓋四履之所也京相璠曰舊説無棣在遼西孤竹縣二説參差未知所定然管仲以責楚無棣在此方之爲近既世傳以文且以聞見書之清河又東北逕南皮縣故城西十三州志曰章武有北皮亭故此曰南皮也王莽之逆河亭史記惠景侯者年表云漢文帝後元年中封孝文后兄子彭祖爲侯國漢建安中魏武擒袁譚於此城也清河又北逕皮城東左會滹池別瀆謂之合故謂之合城也地理風俗記曰南皮城北五十里有北皮城也

又東北逕浮陽縣西

河東北浮水故瀆出焉按史記趙之南界有浮水焉浮水在南而此有浮陽之稱者蓋浮水出入津流同逆混并清漳二瀆河之舊道浮水故迹又自斯別是縣有浮水之名也首清河於縣界東北逕高城縣之宛鄉城北又東逕章武縣之故城漢文帝後元中封孝文后弟竇廣為侯國王莽更名桓章晉太始中立章武郡治此浮水故瀆又東逕篋山北魏氏土地記曰高城東北五十里有篋山長七里浮瀆又東北逕柳縣故城南漢帝元朔四年封齊孝王子劉傷為侯國地理風俗記曰高城縣東北五十里有柳亭故縣也世謂之辟亭非也浮

瀆又東北逕漢武帝望海臺又注于海應劭曰浮
縣浮水所出入海朝夕往來日再今溝無復有水
也清河又北分爲二瀆枝分東出又謂之浮瀆清
河又北逕浮陽故城西王莽之沶成也建武十五
年更封騎將軍平鄉侯劉歆爲侯國浮陽郡治又
東北滹沲別瀆注焉謂之合河也

又東北過濊邑北

濊水出焉

又東北過鄉邑南

清河又東分爲二水枝津右出焉東逕漢武帝故
臺北魏氏土地記曰章武縣東一百里有武帝臺

南北有二臺相去六十里基高六十丈俗云漢武帝東巡海上所築又東注于海清河又東北逕紵姑邑南俗謂之新城非也

又東北逕窮河邑南

清河又東北逕窮河邑南俗謂之三女城非也東北至泉周縣北入滹沲水經曰笥簿泉周縣東南與清河合者目下為清河下邑也又東泉周泉出焉

又東北過漂榆邑入于海

清河又東逕漂榆邑故城南俗謂之角飛城趙記云石勒使王述煑盐於角飛即城異名矣魏土地記曰高城縣東北一百里北盡漂榆東臨巨海民

咸煮海水藉鹽為業 即此城也清河自是入于海

蕩水出河内陰縣西山東

蕩水出縣西石尚山泉流逕其縣故城縣因水以取名也晋伐成都王穎敗帝于是水之南盧綝四王起事曰惠帝征成都王穎戰敗時舉輦司馬八人輦猶在肩上軍人競就殺舉輦者乘輿頓地帝傷三夫百僚奔散唯侍中嵇紹扶帝士將兵之帝曰吾吏也勿害之衆曰受太弟命唯不犯陛下一人耳遂斬之血汙帝袂將洗之帝曰嵇侍中血勿洗也此則嵇延祖殞命之所

又東北至内黄縣入于黄澤

羑水出蕩西北韓大牛泉地理志曰縣之西山羑
水所出也卷水又東逕韓附壁北又東流逕羑城
北故羑里也史記音義曰牖里在蕩陰縣廣雅稱
獄犴也夏曰夏臺殷曰羑里周曰囹圄皆貟土昔
殷紂納崇侯虎之言因西伯於此散宜生南宫括
見文王乃演易用明否泰始終之義焉羑城北水
積成淵方一十餘步深一丈餘東至内黃與防水
會水出西山馬頭澗東逕防城北盧諶征艱賦所
為越防者也其水東南流注于羑水又東歷 王
澤入蕩水地理志曰羑水至内黃入蕩者也蕩水又
東與長沙溝水合其水導源里山北谷東流逕晉

鄴故壘北謂之晋鄴城名之為魏将城昔魏公子無忌矯奪晋鄙軍於是處故班叔皮遊居賦曰過蕩陰而弔晋鄙責公子之不臣者也淇水又東謂之宜師溝又東逕蕩縣南又東逕枉人山東北至内黄澤右入蕩水亦謂之黄雀溝是水秋夏則泛春冬則耗水又逕内黄城南陳留有外黄故稱内也東注白溝

洹水出上黨泫氏縣

水出洹山山在長子縣也

東過隆慮縣北

縣北有隆慮山昔帛仲理之所遊神也縣因山以

取名漢高帝六年封周竈為侯國應劭曰殤帝曰
隆故改從林也縣有黃水出于神囷之山黃華谷
地崖山高十七里水出木門帶帶即山之第三級
也去地七里懸水東南注壑直瀉巖下狀若雞翹
故謂之雞翹洪蓋亦天台赤城流也其水東流至
谷口潛入地下東北一十里復出名柳渚渚周四
五里是黃水重源再發也東流蔕泉水注之出林
慮川北澤中東南流與雙泉合水魯般門東下流
入蔕泉水蔕泉水又東南流注黃水謂之陵陽水
又東入於洹水也
又東北出山逕鄴縣南

洹水出山連逕殷墟北竹書紀年曰盤庚即位自奄遷于此遂曰殷昔者項羽與章邯盟於此地矣洹水又東枝津出焉東北流逕鄴城南謂之新河又東分為二水北逕東明觀下者慕容儁夢石虎齧其臂寤而惡之購求其尸而莫知之後宮嬖妾言虎葬東明觀下於是掘焉下度三泉得其棺剖棺出尸尸僵不腐儁罵之曰死胡安敢夢生天子也使御史中尉陽約數其罪而鞭之此蓋虎始葬處也又北逕建春門石梁不高大治石工密舊橋首夾建兩石柱螭短趺勒甚佳乘輿南幸以其作制華妙致之平城東側西屈北對射堂淥水平潭碧

林浦側可遊意矣其水際其西逕魏武玄武故苑
苑舊有玄武池以肄舟楫有魚梁釣臺竹木灌叢
今池林絕滅略無遺跡矣其水西流注于漳南水
又東北逕女亭城北又東北逕高陵城南東合坰
溝又東逕鸕鷀陂北與台陂水合陂東西三十里
南北注白溝河溝上承洹水北絕新河北逕高陵
城東又北逕斥丘縣故城西縣南角有赤丘蓋因
丘以氏縣故乾侯矣春秋經書昭公二十八年始之
晋次于乾侯也漢高帝六年封唐廣為侯國王莽
之利丘矣又屈逕其北城東北流注于白溝洹水
自鄴東逕安陽縣故北徐廣晋紀曰石遵自李城

北入斬張豹於安陽是也魏土地記曰鄴城南四十里有安陽城城北有洹水東流者也洹水又東至長樂縣左側則溝出焉洹水又東逕長樂縣故城南按晋書地理志曰魏郡有長樂縣也

又東過内黄縣北東入于白溝

洹水逕内黄縣北東流注于白溝世謂之洹水也許慎說文呂忱字林並云洹水出晋魯之間昔聲伯夢涉洹水或與其瓊瑰而食之泣而又與瓊瑰盈其懷矣從而歌曰濟洹之水贈我以瓊瑰歸乎歸乎瓊瑰盈吾懷乎後言之暮而卒是水也

水經卷第九

水經卷第十

桑欽撰　　酈道元注

濁漳　清漳

濁漳水出上黨長子縣西發鳩山之漳水焉出麓谷與發鳩連麓而在南淮南子謂之發苞山故異名互見也左則陽泉水注之右則散蓋水入焉三源同出一山但以南北為別耳

東過其縣南

又東堯水自西山東北流逕堯廟北又東逕長子縣故城南國史辛甲所封邑也春秋襄公十八年晋人執衛石買於長子即是縣也秦置上黨郡治

此也其水東北流入漳水漳水東會于梁水梁水出南梁山北流至長子縣故城南竹書紀年曰梁惠成王十二年鄭取屯留尚子沮尚子即長子之異名也梁水又北入漳水

屈從縣東北流注

陶水南出南陶北流至長子城東西轉逕其城北東注于漳水

又東過壺關縣北又東北

漳水東逕屯留縣南又屈逕其城東東北流有絳水注之絳水西出穀遠縣東發鳩之谷謂之絳水西出穀遠縣爲濫水也東逕屯留縣故城南故留

吁國也潞氏之屬春秋襄公十八年晉人執孫蒯
於屯留是也其水東北流入于漳故桑欽云絳水
屯留西南東入漳漳水又東陳水注之水出西發
鳩山東逕余吾縣故城南漢光武建武六年封景
丹尚子為侯國陳水又東逕屯留縣故城北竹書
紀年梁惠成王元年韓共侯趙成侯遷晉桓子屯
留史記趙肅侯奪晉君端氏而徙居之此矣其水
又東流注于漳故許慎曰水出發鳩山入關從水
章聲也漳水逕壺關縣故縣西又屈逕其城北故
黎國也有黎亭縣有壺口關故曰壺關矣呂后元
年立孝惠後宮子武為侯國漢有壺關三老公乘

興上書訟衛太子即邑人也縣在屯留東不得先
壷關而後屯留也漳水歷鹿臺山與鞮水合水出
銅鞮縣西北石磴山東流與專池水合出八持山
東北流入銅鞮水銅鞮水又東南逕女諫水西北
好松山東南流北則葦池水與公主水合而右注
之南則榆交水與皇后水合而左入為亂流東南
注于銅鞮鞮水東李憙墓前有碑碑石破碎故李
氏以太和元年立之其水又東逕故城北城在山
阜之上下臨岫壑東西北三面岨絫二里世謂之
斷梁城即故縣之上虒亭也銅鞮水又東逕銅鞮
縣故城北城在水南山中晋大夫羊舌赤銅鞮伯

華之邑也漢高祖破韓王信於此縣也銅鞮水又東南流逕頃城西即縣之下虒聚也地理志曰縣有上虒亭下虒聚者也銅鞮又南逕胡邑西又東屈逕其城南又東逕襄垣縣入于漳漳水又東北流逕襄垣縣故城南王莽之上黨亭

潞縣北

縣故赤翟潞子國也其相豐舒有携才而不以茂德晋伯宗數其五罪使荀林父滅之闞駰曰有潞水為冀州浸即漳水也余按燕書王猛與慕容評相遇於潞川也鄣固山泉鬻水與軍人絹匹水二石佗大川可以為侵所有巨浪長湍唯漳水耳故

世人亦謂濁漳為潞水矣縣北對故壁臺漳水逕其南本潞子所立也世名之為臺壁也慕容垂伐慕容永於長子軍次潞川永率精兵拒戰阻河自固垂陣壁臺一戰破之即是處也漳水於是左右黃須水口水出壁臺西張譚巖下世傳巖赤則土離兵害故惡其變化无常恒以石粉汙之令白是以俗因之為張諱巖其水南流逕臺壁西又南入于漳漳水又東北歷望夫山山之南有石人竚於山上狀有懷於雲表因以名焉有洹水西出覆甑山而東流與西湯溪水合出涅縣西山湯谷五泉俱會謂之五會之泉交東南流謂之西湯水又東

南流注涅水又東逕涅縣故城南縣氏涅水也東
與白鷄水出縣之西山東逕其縣北東南流入涅
水涅水又東南與武鄉水會焉水源出武山西南
逕武鄉縣故城西而南出得清谷口水源出東北
長山清谷西南與轑轑白壁二水合南入武鄉水
又南得黄水口黄水三源同注一壑東南流與隱
室水合水流西北出隱室山東南注潢水又東入
武鄉水武鄉水又東南注于涅水涅水又東南流
注于漳水漳水又東逕磻陽城北倉石水入焉水
出林慮縣之倉石溪東北逕魯班門西闕昂藏石
壁霞舉左右結石脩防崇基仍崙北逕偏橋東即

林慮之嶠嶺抱犢固也石磴西陘陟踵修上五里餘崿路中斷四五丈中以木為偏橋劣得道行亦言故有偏橋之名矣自上猶須攀蘿捫葛方乃自津山頂即庚眩墜處也倉石溪水又北合白水溪溪水出壺關縣東曰木川東逕百畝城北蓋同仇池百頃之稱矣又東逕林慮縣之石門谷又注于蒼溪水蒼溪水又北逕磻陽城東而北流注于漳水漳水又東逕葛公亭北而東去矣

又東過武安縣

漳水於縣東清水自涉縣東南來注流之世謂決入之所為交漳口也

又東出山過鄴縣西

漳水又東逕三戶峽為三戶津張晏曰三戶地名也在梁期西南孟康曰津峽名也在鄴西四十里

又東汙水注之水出武安縣山東南流逕于城北昔項羽與蒲將軍英布濟自三戶破章邯於是水汙水東注于漳水漳水又東逕武城南世謂之梁期城梁期在鄴北俗亦謂之兩期城皆為非也司馬彪郡國志曰鄴縣有武城武城即期城矣漳水又東北逕西門豹祠前祠東側有碑隱起為字祠堂東頭石柱勒銘曰趙建武中所脩也魏文帝述征賦曰羨西門之嘉迹忽逕睇其靈宇漳水右與

枝水合其水上承漳水於邯會西而東別與邯水合水發源邯山水北逕邯會縣故城西北注漳水故曰邯會也張晏曰漳水之別自城西南與邯山之水會今城旁猶有溝渠存焉漢武帝元朔二年封趙敬肅王子劉仁為侯國其水又東北入于漳昔魏文侯以西門豹為鄴令也引漳以溉鄴民頼其用其後至魏襄王以史起為鄴令又堰漳水以灌鄴田咸成沃壤百姓歌之魏武王又堨漳水迴流東注號天井堰里中作十二燈燈相去三百步令互相灌注一源分為十二流皆懸水門陸氏鄴中記云水所溉之處名曰晏陂澤故左思之賦魏

都也謂墱流十二同源異口者也魏武之攻鄴也
引漳水以圍之獻帝春秋曰司空鄴城圍周四十
里初淺而狹如或可越審配不出爭利望而笑之
司空一夜增修廣深二丈引漳水以注之遂拔鄴
本齊桓公所置也故管子曰築五鹿中牟鄴以衛
諸夏也後屬晉魏文侯七年始封埃地故曰魏也
漢高帝十二年置魏郡治鄴縣王莽更名魏城後
分魏郡置東西部都尉故曰三魏魏武又以郡國
之舊引漳流自城西東入逕銅雀臺下伏流入城
東注謂之長明溝也渠水又南逕止車門下魏武
封於鄴為北宮宮有文昌殿溝水南北夾道枝流

引灌所在通溉東出石竇下注之湟水故魏武登臺賦曰引長明灌街里謂此渠也石氏於文昌故殿處造東西太武二殿於濟北穀城之山採文石為基一基下五百武直宿衛屈柱趺尾悉鑄銅為之金漆圖飾焉又徙長安雒陽銅人置諸宮前以華國也城之西北有三臺皆因城之為基巍然崇舉其高若山建安十五年魏武所起平坦略盡春秋古地云葵丘地名今鄴西臺是也謂臺已平或更有見意所未詳其中曰銅臺高十丈有屋百餘間臺成命諸子登之並使為賦陳思王下筆成章美捷當時亦魏武望奉常王粹治之處也昔嚴才

與其屬攻掖門脩聞變車馬未至便將官屬步至
宮門太祖在銅雀臺望見之曰被來者必王叔治
也相國鍾繇曰舊京城有變九卿各居其府卿何
來也脩曰食其祿焉避其難居府雖舊非赴難之
義時人以為美談矣石虎更增二丈立一屋連棟
接榱彌覆其上盤迴隔之名曰命子窟又於屋上
起五層樓高十五丈去地二十七丈又作銅雀於
樓巔舒翼若飛南則金雀臺高八丈有屋一百九
間北曰冰井臺亦高八丈有屋一百四十間上有
冰室室有數井井深十五丈藏冰及石墨焉石墨
可書又然之難盡亦謂之石炭又有粟窖及鹽以

備不虞今窖上猶有石銘存焉左思魏都賦曰三臺列峙而崢嶸者也城有七門南曰鳳陽門中曰中陽門次曰廣陽門東曰建春門北曰廣德門次曰廐門西曰金明門一曰白門鳳陽門三臺洞開高三十五丈石氏作層觀架其上置銅鳳頭高一丈六尺東城上石氏立東明觀觀上加金博山謂之鏘天北城上有齊斗樓超出群榭孤高特立其城東西七里南北五里飾表以塼百步一樓凡諸宮殿門臺隅雉皆加觀榭層甍反宇飛檐拂雲圖以丹青色以輕素當其全盛之時去鄴六七十里遠望苕亭巍若仙居魏因漢祚復都洛陽以譙

先人本國許昌爲漢之所居長安爲西京之遺迹
鄴爲王業之本基故號五都也今相州刺史及魏
郡治漳水自豹祠北逕趙閲馬臺西基高五丈列
觀其上石虎每講武於其下升觀以望之虎自於
臺上放鳴鏑之矢以爲軍騎出入之節矣漳水又
北逕蔡陌西戰國之世俗巫爲河伯取婦祭於此
陌魏文侯時西門豹爲鄴令約諸三老曰爲河伯
取婦幸來告知吾欲送女皆曰諾至時三老廷掾
賦斂百姓取錢百萬巫覡行里中有好女者呪當
爲河伯婦以錢三萬聘女沐浴脂粉如嫁狀豹往
會之三老巫掾與民咸集赴觀巫嫗年七十從十

女弟子豹呼婦視之以為非妙令巫嫗入報河伯
投巫於河中有頃曰何久也又令三弟子及三老
入白並投於河豹聲折曰三老不來柰何復欲使
廷掾豪長趣之皆叩頭流血乞不為河伯取婦淫
祀雖斷地留祭陌之稱焉又慕容携投石虎尸處
也田融以為紫陌也趙建武十一年造紫陌浮橋
於水上為佛圖澄先造生墓於紫陌建武十五年
卒十二月葬焉即此處也漳水又對趙氏臨漳宮
宮在桑梓苑多桑木故苑有其名三月三日及始
蠶之月虎帥皇后及夫人採桑於此今地有遺桑
墉无尺雉矣漳水又北溢水入焉漳水又東逕梁

期城南地理風俗記曰鄴北五十里有梁期城故縣也漢武帝元鼎五年封任破爲侯國晉惠帝永興元年驃騎王浚遣烏丸渴末逕至梁期侯騎到鄴成都王穎遣將軍石超討末爲末所敗於此也逕平陽城北竹書紀年曰梁惠成王元年鄴師邯鄲師於平陽者也司馬彪郡國志曰鄴有平陽城即此地也

又東過列人縣南

漳水又東右逕斥丘縣北即裴縣故城南王莽更名之曰即是也地理風俗記曰列人縣西南六十里即裴城故縣也漳水又東北逕列人縣故城南

王莽更名之為列治也竹書紀年曰梁惠成王八
年惠成王伐邯鄲取列人者也於縣右合白渠故
瀆白渠水水出魏郡武安縣欽口山東南流逕邯
鄲縣南又東與拘澗水合水導源武始東山白渠
此俗猶為是水為拘河也白渠水又東又有牛首
水入焉水出邯鄲縣西堵山東流分為二水洪湍
雙逝澄映兩川漢景帝時六國悖逆命曲周侯酈
寄攻趙圍邯鄲相捍也 日引牛首拘水灌城城壞
三自殺其水東入邯鄲城逕溫明尉南漢世祖擒
王郎幸邯鄲晝臥處也其水又東逕叢臺南六國
時趙王之臺也郡國志曰邯鄲有叢臺故劉劭趙

郡賦曰結雲閣於南宇立叢臺於少陽者也今遺
基舊墉尚在其水又東歷邯鄲阜張晏所謂邯山
在東城下者也單盡也城郭從邑故加邑邯鄲
之名蓋指此以立稱矣故趙郡治也長沙舊傳稱
桓揩為趙郡太守嘗有遺囊粟於路者行人掛囊
粟於樹莫敢取之即於是處也其水又東流出城
又合成一川也又東澄而為渚沁水東南消注拘
潤水又東入白渠又東故瀆出焉一水東為澤渚
曲梁縣之鷄澤也國語所謂鷄丘矣東北通登湖
白渠故瀆南出所在枝分右出即邯溝也歷邯溝
縣故城東蓋因溝以氏縣也地理風俗記曰即裴

城西北二十里有邯溝城故縣也又東逕肥鄉縣故城北竹書紀年曰梁惠王八年伐邯取肥者也晉書地道記曰太康中立以隸廣平也渠道交徑互相纏縻與白渠同歸逕列人右會漳津今無水地理志曰白渠東至列人入漳是也

又東北過斥漳縣南

應劭曰其國斥鹵故曰斥漳漢獻帝建安十八年魏太祖鑿渠引漳水東入清洹以通河漕名曰利漕渠漳津故瀆水舊斷溪東北出涓流濂注而已尚書所謂覃懷底績至于衡漳者也孔安國曰衡横也言覃漳水横流也又東北逕平恩縣故城西

應劭曰縣故館陶之別鄉漢元帝元康三年置以封后父許伯爲侯國王莽更曰延平也

又東北過曲周縣東又東北過鉅鹿縣東

衡漳故瀆東北逕南曲縣故城西地理志廣平有曲周縣應劭曰平恩縣北四十里有南曲亭故縣也又逕曲周縣故城東地理志曰漢武帝建元四年置王莽更名直周余按史記大將軍酈商以高祖六年封曲周縣爲侯國又考史記曰是知曲周舊縣非始孝武蓋商冀州人在縣市補履數年人奇其不老求其術而不能得也衡漳又北逕巨橋祇閣西舊有大梁橫水故有巨橋之稱昔武王伐

紂發巨橋之粟以賑殷之飢民服虔曰巨橋倉名
鉅鹿水之大橋也今臨側水湄左右方一二里中
狀若丘墟蓋遺囷故窖處也衡水又北逕鉅鹿縣
故城東應劭曰鹿者林之大也尚書曰堯將禪舜
納之大麓之野烈風雷雨不迷致之以昭華之玉
而縣取目焉路温舒縣之東里人反為里監門使
温舒牧羊澤中取蒲牒用寫書即此澤也鉅鹿郡
治秦始皇二十五年滅趙以為鉅鹿郡漢景帝中
元年為廣平郡武帝征和三年以封趙敬肅王子
為廣平侯國世祖中興更為鉅鹿也鄭玄注尚書
引地說云大河東北流過絳水千里至大陸為地

腹如志之言大陸在鉅鹿地理志曰水在安平信都鉅鹿與信都相去不容此數也水土之名變易世失其處見降水則以為絳水故依而廢讀或作絳字非也今河内北共山淇水共水出焉東至魏郡黎陽入河近所謂降水也降讀當如城降于齊師之降蓋周時國於地者惡言降故改之共耳又今何所從去大陸遠矣舘陶北屯氏河其故道與余按鄭玄據尚書有東過洛汭至于大伾北過降水至于大陸推次言之故以淇水為降水共城為降城所未詳也稽之群書共縣故本共和之故國是有共名不惡降而更稱禹著山經淇出沮洳淇

澳衛詩列自又遠當非改絳華為今號但是水導源共出北玄欲因成降議故以淇水為降水耳即如玄引地說黎陽鉅鹿非千里之途直信都於大陸者也唯氏北出館陶事近之矣按地理志云絳水發源屯流下亂章津是乃與章俱得通稱故水流間關所在著自信都復見絳名而東于海尋其川況无佗殊瀆而衛漳舊道與屯相亂乃書有過降之地說與千里之誌即之途致與書相隣河之過降當應此矣下至大陸不異經說自甯迄于鉅鹿出于東北皆為大陸語之纏絡厥勢眇矣九河既播八枝代絶遺跡故稱往往時存故禹般列

於東北徙駭瀆聯漳絳同逆之狀粗分陂障之會猶在案經考瀆自安故目矣漳水又歷經縣故城西水有故津謂之薄落津昔袁本初還自易京上巳届此卒其賔從禊飲於斯津矣衡漳又逕沙丘臺東紂所成也在鉅鹿故城東北七十里趙武靈王與秦始皇並死於此矣又逕銅馬祠東漢光武廟更始三年秋光武追銅馬於館陶大破之遂降之賊不自安世祖令其歸營乃輕騎行其壘賊乃相謂曰蕭王推赤心置人腹中安得不投死乎遂將降人分配諸將衆數十萬人故關西號世祖曰銅馬帝也祠取名焉廟側有碑述河內修武縣張

導字景明以建和三年爲鉅鹿太守漳津汎濫土
不稼穡導披按地圖與丞彭參掾馬道嵩等原其
逆順揆其表裏修防排通正水路功績有成民用
嘉賴題云漳河神壇碑而俗老耆儒猶謂斯廟爲
銅馬劉神寺是碑頃因震裂餘半不可復識矣又
逕南宫縣故城西漢惠帝元年以封張越人子買
爲侯國王莽之序中也其水與隅醴通爲衡津又
有長蘆溗水之名絳水之稱矣今漳水既斷絳水
非復纒絡矣又北絳瀆出焉今无水故瀆東南逕
九門城南又東南逕南宫城北又東南逕繚城縣
故城北十三州志曰經縣東五十里有繚城故縣

也左逕安城南故信都之安城鄉也更始二年和
城太守邳彤與上會信都南安城鄉上大悦即此
處也故瀆又東北逕辟陽亭漢高帝六年封審食
其爲侯國王莽之樂信也地理風俗記曰廣川西
南六十里有辟陽亭故縣也絳瀆又北逕信都城
東散入澤渚西至于信都城東連于廣川縣之張
甲故瀆同歸于海故地理志曰禹貢絳水在信都
東入于海也

又北過堂陽縣西

衡水自堰分爲二水其一水北出逕縣故城西世
祖自信都以四千人先攻堂陽降水者也水上有

梁謂之旅津渡商旅所濟故也其右水東北注出石門門石崩褫餘基殆在謂之長蘆水蓋變引葭之名也長蘆水更逕堂陽縣故城南應劭曰縣在堂水之陽穀梁傳曰水北為陽也今於故縣城南更无别水唯是水東出可以當之斯水蓋包堂水之兼稱矣長蘆水又東逕九門波故縣也又東逕扶都縣故城南世祖建武三十年封冦恂子損為侯國又東屈北逕信都縣故城西信都郡治也漢高帝六年置帝二年為廣川惠王越國王莽更為新傳縣曰新博亭光武自薊至信都是也明帝永平十五年更名樂成安帝延光中改曰安平城內

有漢冀州從事安平趙徵碑又有魏冀州刺史陳緄丁紹碑青龍三年立城南有獻帝南巡碑其水側城北注又北逕安陽城東又北逕武陽城東十三州志曰扶柳縣東北有武陽城故縣也又北為博廣池池多名蟹佳蝦歲貢王朝以充膳府又北逕下博縣故城東而北流注于衡水也

又東北過扶柳縣北又東過信都縣西

扶柳縣故城在信都城西衡水逕其西縣有扶澤澤中多柳故曰扶柳也衡水又北逕昌城縣故城西地理志曰信都有昌城縣漢武帝以封城陽頃王子劉差為侯國闞駰曰昌城本名阜城矣應劭

曰堂陽縣北三十里有昌城故縣也世祖之下堂陽昌城人劉植率宗親子弟據邑以奉世祖是也又逕西梁縣故城東地理風俗記曰扶柳縣西北五十里有梁城故縣也世以為五梁城蓋字狀致謬耳衡漳又東北逕桃縣故城北漢高祖十二年封劉襄為侯國王莽改之曰桓分也合斯洨故瀆斯洨水首受大白渠大白渠首受綿蔓水綿蔓水上承桃水水出樂平郡之上艾縣東流世謂之曰桃水東逕靖陽亭南故關城也及北流逕井陘關下注澤發水亂流東北逕常山蒲吾縣西而桃水出焉南逕蒲吾縣故城西又東南流逕桑中縣故

城北世謂之石勒城蓋趙氏增成之故櫃其目俗
又謂之高功城也地理志曰侯國也㴲水又東南
流逕綿蔓縣故城北王莽之綿延也世祖建武二
年封郭況為侯國自下通謂之綿蔓水綿蔓水又
東流逕樂陽縣故城西右合井陸山水水出井陸
山世謂之鹿泉水也東北流屈逕陳餘壘西俗謂
之故壁城昔在楚漢韓信東入餘拒之於此不納
左車之計悉衆西戰信遣奇兵自閒道出立幟於
其壘師奔失據遂死泜上其水又屈逕其壘南又
南逕城西東注綿蔓水綿蔓水又屈從城南俗名
曰臨清城非也地理志曰侯國矣王莽更之曰申

苗者也東觀漢書曰光武使鄧禹發房子兵二千人以銚期爲偏將軍別攻真定宋子餘賊拔樂陽稾肥壘者也綿蔓水又東逕烏子堰枝津出焉又東爲之大白渠地理志所謂首受綿蔓者也白渠水又東南逕關縣故城北地理志曰常山之屬縣也又東爲成郎河水上有大梁謂之成郎橋又東逕耿鄉南世祖封前將軍耿純爲侯國世謂之宜安城又東逕宋子縣故城北又謂之宋子河漢高帝八年封許瘛爲侯國王莽更名宜子昔漸離擊筑傳工自此入秦又東逕敬武縣故城北按地理志曰鉅鹿之屬縣也漢元帝封女敬武公主爲湯

沐邑闞駰十三州記曰楊氏縣北四十里有武亭故縣也今其城實中小邑耳故俗名之曰敬武壘即古邑也白渠又東謂之斯洨水地理志曰大白渠東至曲陽入洨河者也東分爲二水枝津右出爲東南流謂之百尺溝又東南逕和城北世謂之初丘城非也漢高帝十一年封郎中公孫耳爲侯國又東南逕貰城西漢高帝六年封吕博爲侯國百尺溝東南散流逕歷鄉東而南入泜湖東注衡水也斯洨水自枝津東逕貰城北又東積而爲陂謂之陽縻淵淵水左納白渠枝水俗謂之祇水水承白渠於藁縣之烏子堰又東逕肥纍縣之故城

南又東逕陳臺南臺甚寬廣今上陽臺屯居之又東逕新豐城北按地理志云鉅鹿有新市縣侯國也王莽更之曰樂市而无新豐之目所未詳矣其水又東逕昔陽城南世謂之曰直陽城非也本鼓聚矣春秋左傳昭公十五年晉荀吳師師伐鮮虞圍鼓三月鼓謂降穆子曰猶有食邑不許軍吏曰獲城而弗取何以事君穆子曰獲一邑而教民怠将焉用邑也賈怠无卒弃舊不祥鼓人能事其君我亦能事吾君率義不爽好惡不愆城可獲也有死義而无二心不亦可乎鼓人告食竭力盡而後取之尅鼓而返不戮一人以鼓子鳶鞮歸既獻而

逕之鼓于又叛荀吳畧東陽使師僞糴負甲息於
門襲而滅之以鼓子鳶鞮歸使涉佗守之者也十
三州志曰今其城昔陽亭是矣京相璠曰白狄之
別也下曲陽有鼓聚故鼓子國也白渠泜水又東
逕曲陽城北又逕安鄉縣故城地理志曰侯國也
又東逕育縣入斯洨水斯洨水又東逕西梁城南
又東北逕樂信縣城南地理志曰鉅鹿縣侯國也
又東入衡水衡水又北爲袁譚渡蓋譚自鄴往還
所由故濟得厥名

又東北過下愽縣之西

衡水又北逕鄡縣故城東竹書紀年梁惠成王三

十年秦封衛鞅于鄔改名曰商即此是也故王莽
改曰秦聚也地理風俗記曰縣北有鄔阜蓋縣氏
之又右逕下慱縣故城西王莽改曰潤慱應劭曰
太山有慱故此加下漢光武自呼沱南出至此失
道不知所以遇白衣老父曰信乎為長安守去此
八十里世祖赴之任光開門納焉漢氏中興始基
之矣尋求父老不得議者以為神衛漳又東北歷
下慱城西逶迤東北注謂之九爭西逕樂鄉縣故
城南王莽更之曰樂丘也又東列葭水注也
又東北過阜城縣北又東北至昌亭與雩池河會
經叙阜城於下慱之下昌亭之上考地非比於事

為同勃海阜城又在東昌之東故知非也漳水又東北逕武邑郡南魏所置也又東逕武強縣北又東北逕武隧縣故城南按史記秦破趙將扈輒於武隧斬首十萬即於此處也王莽更名桓隧矣白馬河注之水上承雩池東逕樂鄉縣北饒陽縣南又東南逕武邑郡北而東入衡水謂之交津口衡漳又東逕武邑縣故城北王莽之順桓也晉武帝封子於縣以為王國後分武邑武隧觀津為武邑郡治此衡漳又東北右合張平口故溝上承武強淵淵之西南之側水有武強縣故治故淵得其名焉東觀漢記曰光武拜王梁為大司空以為侯國

沓宿云邑人有行於途者見一卜蛇疑其有靈持
而養之名曰擔生長而吞噬人里中患之遂捕繫
獄擔生負而奔邑淪為湖縣長及吏咸為魚矣今
縣治東北半許落水淵水又東南結而為湖又謂
之即君淵沓宿又言縣淪之日其子東奔又陷於
此故淵得郎君之目矣淵水北逕謂之石虎口又
東北為張平澤澤水所泛北決堤口謂之張刀溝
北注衡河謂之張平口亦曰張平則南注水耗則
輟流衡漳又逕東昌縣故城北經所謂昌亭也王
莽之田昌也俗名之曰東相蓋相昌聲韻合故致
茲誤矣西有昌城故目是城為東昌矣衡漳又東

北左會雩池故瀆謂之合口衡漳又東北分爲二
川當其水決處名之曰李聰渙
又東北至樂成陵縣別出北
衡漳於縣无別出之瀆縣北有乃雩池別水分雩
池故瀆之所纏絡也衡漳又東分爲二水左出爲
向氏口溝水自始決入也衡漳又東逕方高縣故
城北漢景帝封韓信兄子韓隤當爲侯國王莽之
樂成亭也衡漳又東北右合柏梁溠水上承李聰
渙東北爲柏梁溠東逕扶領縣故城南漢武帝元
朔三年封廣川王子劉嘉爲侯國地理風俗記云
脩縣西北八十里有蒲領鄉故縣也又東北會桑

社枝津又東北逕于高城北又東注衛漳謂之栢梁口衡漳又東北右會桑社溝溝上承從陂世盧達從薄亦謂之河摩河東南通清河西北達衛水春秋雨汎澤澤津渚今觀津城北方二十里盡為澤藪蓋水所鍾也其瀆逕觀津縣故城北樂毅自燕降趙封之於此邑號望諸君王莽之朔定亭也又南屈東逕竇氏青山南側堤東出清山即漢文帝竇后父少消冢也消是縣人遭秦之亂魚釣隱身墜淵死而景帝立后遣使者填以葬父起大墳於觀津城東南故民號曰青山也又東逕董仲舒廟南仲舒廣川人也世猶謂之董府君祠春秋禱

絫不輟舊溝又東逕循市縣故城北漢宣帝本始四年封清河剛王子劉寅為侯國王莽更之曰居寧也俗謂之温城非也地理風俗記曰循縣西北二十里有循市城故縣也又東會從陂陂水南北十里東西六十步子午潭漲淵而不流亦謂之桑社淵從陂南出夾堤東派逕循縣故城北東合清漳漳泛則北注澤盛則南播津流上下乎相逕道從陂陂北出東北分為二川北逕于高城西而北注栢梁溠一川東逕于高城南又東北陽津溝水出焉左瀆化入衡漳謂之陽決口衡水東逕阜成縣故城北樂城縣故城南河間郡治地理志曰故

趙也漢文帝二年別為國應劭曰在兩河之間也景帝九年封子德為河間王是為獻王王莽更名郡曰朔定縣曰陸信褚先生曰漢宣帝地節三年封大將軍霍光兄子山為侯國也漢章帝封子開於此漢桓帝追尊祖父孝王開為孝穆王以其邑奉山陵故加陵曰樂陵也今城中有故池方八十步舊引衡水北入城注池池北對層臺基隍荒蕪示存古意也

又東北過成平縣南

衡漳又東逕建成縣故城南按地理志故屬勃海郡褚先生曰漢昭帝元鳳三年封丞相黃霸為侯

國也成平縣故城在北漢武帝元朔三年封河間獻王子劉禮爲侯國王莽之澤亭也城南北相直衡漳又東右會楊津溝水自枝水東逕阜城南地理志勃海有阜城縣王莽更名吾成者非經所謂阜成也建武十五年世祖更封大司馬王梁爲侯國陽津溝水又東北逕建成縣左入衡水謂之陽津口衡漳又東左會雩池別河故瀆又東北入清河謂之合口又逕南皮縣之北皮亭而東北逕浮陽縣西東北注之

又東北過漳武縣西又東北過平舒縣南東入海

清漳自章武縣故城西故濊邑也枝瀆出焉謂之

濊水東北逕篍后亭分為二瀆應劭曰平舒縣西南五十里有篍後亭故縣也世謂之平虜城枝水又東注謂之蔡伏溝又東積而為淀一水逕亭北逕東平舒縣故城南代郡有平舒城故加東地理志曰勃海之屬縣也魏土地記曰章武郡治故世以為章武故城非也又東北分為二水一右出為澱一水北注呼池謂之濊口清漳亂流而東注于海

清漳水出上黨沾縣西北少山大黽谷南過縣西又從縣南屈

淮南子曰清漳出揭戾山高誘云山在沾縣今清漳出沾縣故城東北俗謂之漳山漢分沾縣為樂

平郡治沾縣水出樂平郡沾縣界故晋太康地記曰樂平縣舊名清漳縣漢之故矣其山亦曰鹿吉山水出大要谷南流逕沾縣故城東不歷其西也又南逕昔陽城左傳昭公十二年晋荀吴僞會於齊假道鮮虞遂入昔陽杜預曰樂平沾縣東有昔陽城者是也其水又南得梁榆水口水出梁榆城西大嶕山水有二源北水東南流逕其城東南注南水南水亦出西山東逕文當城北又東北逕梁榆城南即閼與故城也秦伐韓閼與惠文王使趙奢故之奢納許歷之說破秦於閼與謂此也司馬彪袁松郡國志並言涅縣有閼與聚盧諶征艱賦

曰訪梁榆之虛郭刀關與之舊平桓亦云關與今梁榆城是也漢高帝八年封解敢為侯國其水右右此北水又東南入于清漳清漳又東南與轑水相得轑水出轑河縣西北轑山南流逕轑河縣故城南西東流至粟城注于清漳也

東過涉縣西屈從縣南

按地理志云魏郡之屬縣也漳水於此有涉之稱名因地變也

東至武安縣南黍窖邑入于濁漳

水經卷第十

水經卷第十一　桑欽撰　酈道元注

易水　滱水

易水

易水出涿郡故安縣閻鄉西山

易水出西山寛中谷東逕五大夫城南昔北平侯王譚不同王莽之政子興生五子並避時亂隱居此山故其舊居世以為五大夫城即此岳讃云五王在中龐葛建續者也易水東左與子莊溪水合水北出子莊關南流逕五公城西屈逕其城南五公猶王興之五子也光武即帝位封為五侯元才

北平侯益才安喜侯顯才蒲陰侯仲才新市侯李才為唐侯所謂中山之五王也俗又以五公名居矣二館之城澗曲泉清山高林茂風煙披薄觸可栖情方外之士尚憑依舊居取暢林水其水東南入于易易水又右會女思谷水水出西南女思澗東北流注于易謂之三會口易水又東屆關門城西南即燕之長城門也與樊石山水合水源西出廣昌鄉縣之樊石山東流逕覆釜山下東流注于易水易水又東歷燕之長城又東逕漸離城南蓋太子丹館高漸離處也易水又東逕武陽南蓋易自寬中歷武夫關東出是兼武水之稱故燕之下

都擅武陽之名左得濡水枝津故瀆武陽大城東南小城即固安縣之故城也漢文帝封丞相申屠嘉為侯國城東西二里南北一里半高誘云易水逕固安城南外東流耶斯水也誘是涿人事明經證今水破城東南隅世又謂易水為固安河武陽蓋燕昭王之所城也東西二十里南北十七里故傳逮覲遊賦曰出北薊歷良鄉登金臺觀武陽兩城遼郭舊迹冥芒王謂是處也易水東流而出於范陽

東過范陽縣南又東過容城縣南

易水逕出范陽縣故城秦末張耳陳餘為陳勝略

地燕命趙蒯通說之范陽先下是也漢景帝中元三年封匈奴降王伐為侯國王莽之通順也易水又東與濡水合出故安縣西北窮獨山南谷東流與源泉水合水發北溪東西流注濡水濡水又東南逕樊於斯館西是其授首於荊軻處也濡水又東南流逕荊軻館北昔燕丹納田先之言尊軻上卿館之於此二城並廣一里許俱在罡阜之上邪上而下方濡水又東逕陽城西北舊堨濡水枝流南入城逕相冢西冢垣城側耶水塘也四周塋城深廣有若城焉其水側有數陵墳高壯望若青丘詢之古老訪之史籍並無文證以私情求之當是

燕都之前故墳也或言燕之墳塋斯不然矣其水
之故瀆南出屈而東轉又分為二瀆一水東注金
臺陂一水逕故安城西側城南注易水夾塘崇峻
邃岸高深左右百步一釣臺參差交跱迢遞相望
更為佳觀矣其一水東出金臺陂東西六七步南
有金北五十步側陂西北有釣臺高丈方可四十
步陂北十餘步有金臺臺上東西八十許步南北
加減高十餘丈昔慕容垂之為范陽也戍之即斯
臺北有蘭馬臺並悉高數丈秀峙相對翼臺左右
水流經通長廡廣宇周施浦浦棟堵咸淪柱礎尚
存是其基構可得而尋意欲圖還上京阻行旅造

次不獲遂心訪諸耆舊咸言昭王禮賓廣延方士至如郭隗樂毅之徒鄒衍劇辛之儔宦遊歷說之民自遠而屆者多矣不欲令諸侯之客伺隙燕邦故修連下都館之南垂言燕昭創之於前子丹踵之於後故彫牆敗館尚傳鐫刻之名雖無紀可憑察其古跡似符傳矣濡水自堰又東逕紫池堡西屈而北流又有渾塘溝水注之水出酉縣西白馬山南溪中東南流入濡水濡水又東至塞口古壘石堰水處也濡水舊枝分南入城東大陂陂方四里今無水陂內有泉淵而不流際池北側俗謂聖女泉濡水又東得白楊水口出酉之西山白楊嶺

下東南流入濡水時人謂之虎眼泉也濡水東合檀山水水道縣西北檀山西南南流與石泉水會水出石泉固東南隅水廣二十許步深三丈固在衆山之內平川之中四周絶澗阻水八丈有餘石高五丈石上赤上又高一四壁立直上廣四十五步水之不周者路不容軌僅通人馬謂之石泉固固上宿有白楊寺是白楊山神也寺側林木交蔭叢柯隱景沙門釋法澄建刹於其上更爲思玄之勝處也其水南流注于檀水故俗有并溝之稱焉其水又東南流歷固安縣北而南注濡水又東南流於容城縣西北大利亭東南合易水而注巨馬

水也故地理志曰固安縣門鄉易水所出至范陽入濡水闞駰亦言是矣又曰濡水合渠許慎曰濡水入深深渠二號即巨馬之異名然二易俱出一鄉同入濡水南濡北易至涿郡范陽縣會北濡又並亂流入涞是則易水與諸水互攝通稱東逕容城縣故城北渾濤東注至勃海平舒縣與易水合闞駰曰涿郡西界代之易水而是水出代郡廣昌縣東南郎山東北燕王仙臺東臺有三峯甚能崇峻騰雲冠峯高霞翼嶺岫壑冲深合煙罩霧耆舊言燕昭王求仙處其東謂之石虎罡范曄漢書云中山簡王焉之窆也後其葬採涿郡山石以樹

墳塋陵隧碑狩並出此山謂之石虎山山有所遺
二石虎後人因以名罡之東麓即泉源所導也經
所謂閻鄉曲其水東流有燮水南會渾波同注俗
謂之為黿河司馬彪郡國志曰黿水出固安縣世
祖令耿況擊故安西山賊吳耐蠡符黿上十餘營
皆破之即是水者也易水又東逕孔山北山下有
鍾乳穴穴出佳乳採者攜火尋炒入穴里許渡一
水潛通流注其深可涉於中衆穴奇分令出入者
疑迷不知所趣每於疑路必有歷記返者乃尋孔
以自達矣上又有大孔豁達洞開故以孔山為名
也其水又東逕西固安城其所閻鄉城也歷送荊

陘北耆舊云燕丹餞荊軻於此因而名焉世代已遠非所詳也遺名舊傳不容不詮庶廣後人傳聞之聽易水又東流屆逕長城西又東流南過武遂縣南新城縣北史記曰趙將李牧伐燕取武遂方城是也俗又謂水為武遂津津北對長城門謂之分門史記趙世家云孝成十九年趙與燕易以龍兌汾門與燕燕以葛城武陽與趙即此也亦曰分門門又謂之梁門矣易水東分為梁門陂易水又東梁門陂水注之水上承易水於梁門東入長城東北入陂陂水北接范陽陂陂在范陽城西十里方一十五里俗亦謂之為鹽臺陂陂水南通梁門

淀方三里淀水東南流出長注易謂之范水易水自下有范水通目又東逕范陽縣故城南即應劭所謂范水之陽也易水又逕樊與縣故城北漢武帝元朔五年封中山靖王子劉條為侯國王莽更名握符矣地理風俗記曰北新城縣東二十里有有樊與亭故縣也易水東逕容城縣故城南漢高帝六年封趙將夜於深澤景帝中元三年以封匈奴降王唯徐盧於容城皆為侯國王莽更名深澤易水又東逕水注之其水上承二陂於容城縣東南謂之大渥瀫小渥瀫水南流注易水謂之渥同口水側有渾渥城易水逕其南東合滱水故桑欽

曰易水出北新城西北東入寇自下滱易互受通
稱矣易水又東逕易京南漢末公孫瓚害劉虞於
薊下時童謡云燕南垂趙北際唯有此中可避世
瓚以易地當之故自薊徙臨易水謂之易京城在
易城西四五里趙建武四年石虎自遼西南達易
京以京鄣至固令二萬人廢壞之今者地壁夷平
其樓基尚存猶高一匹餘基上有井世名易京樓
即瓚所堡也故瓚所與子書云袁氏之攻狀若鬼
神衝梯舞于樓上鼓角鳴于地中即此樓也易水
又東逕易縣故城南昔燕文公徙易即此城也闞
駰稱燕太子丹遣荆軻刺秦王與賓客知謀者祖

道於易水上燕太子稱荆入秦太子與知謀者皆素衣冠送之於易水之上荆歌起爲壽歌曰風蕭蕭兮易水寒壯士一去兮不復還漸離擊筑宋如意和之爲壯聲士髮皆衝冠爲哀聲士皆流涕疑於此也余按遺傳舊跡多在武陽似不餞此也漢景帝中元三年封匈奴降王僕黥爲侯國也

又東過安次縣南

易水逕縣南鄚縣故城北東至文安縣與雩池合史記蘇秦曰燕長城以北易水以南正謂此水也是以班固闞駰之徒咸以斯水謂之南易

又東過泉州縣南東入于海

經書水之所歷沿次注海也

滋水出代郡靈丘縣高氏山

即温戔之水也出縣西北高氏山山海經曰高氏之山滋水出焉東流經于河者也其水東南流山上有石銘題言冀州北界故世謂之石銘陘也其水又南逕曰候候塘川名也又東合温泉水水出西北暄谷其水温熱若湯能愈百疾故世謂之温泉焉東南流逕興豆亭北亭在南原上歌傾而不正故世以歌城目之東流注于滋水又東泉水注之水導源莎泉南流水側有莎泉亭東南入于滋水又東逕霙丘縣故城南水中自源南注滋水應

劭曰趙武靈王葬其東南二十里故縣氏之縣古屬代漢靈帝光和元年中山相臧旻上請別屬也地理志曰靈丘之號在武靈王之前矣又按司馬遷趙敬侯二年敗齊於靈丘則名不因靈王事如漢注滱水自縣南流入峽謂之隘門設隘於峽以譏禁行旅歷南山高峯隱天深溪埒谷其水沿澗西轉逕御射臺南臺在北阜上臺南有御射石碑南則秀鄣分霄層崖刺天積石之峻壁立直上車駕沿革每出所遊藝焉滱水西流又南轉東屈逕北海王詳之石碣南御所屆石柱北而南流者也

南南過廣昌縣南

滱水東逕嘉牙川川有一水南來注之水出恒山
北麓雖川三合逕嘉牙亭東而北流注于滱水水
之北山行即廣昌縣界滱水又東逕倒馬關關山
險隘是爲深峭勢均詩人高罡之病良馬傳嶮之
行軒故關受其名焉關水出西南長溪下東北歷
關注滱滱水南山上起御坐於松園建祇洹東圃
北二面岫鄣高深霞峯隱日水望澄明淵无潛甲
行李所逕鮮不徘徊忘返矣
又東南過中山上曲陽縣北恒水從西來注之
滱水自倒馬關南流與大嶺水合水出山西南大
嶺下東北流出峽峽右山則有祇洹精廬飛陸陵山

丹盤虹梁長津泛瀾縈帶其下東北流注于滱滱
水又屈而東合兩嶺溪水水出恒山北阜東北流
歷兩嶺閒北嶺雖層陵雲舉猶不若南巒峭秀自
水南步遠峯石磴逶迤沿途九曲歷睇諸山咸爲
劣矣抑亦羊腸邛來之類者也齊宋通和路出其
閒其水東北流注于滱水又東左合懸水水出山
原岫盤谷輕湍濬下分石飛懸水一匹有餘直灌
山際白波奮流自成潭渚其水東南流揚湍注于
滱滱水又東流歷山世謂是處爲鴻頭疑即晉書
地道記所謂鴻上關者也關尉治北平而畫塞於
望都東北云北平不遠蕉縣上所極也滱水於是

左納鴻上水水出西北近溪東南流注于滱水也

又東過唐縣南

滱水又東逕左人城南應劭曰中人城西北四十里亦或謂之爲唐水也水出中山城之西如北城内有小山在城西側水銳上若委粟爲疑即地道記所云望都縣有委粟關也俗以山在邑中故亦謂之中山城以城中有山之木因復謂之爲廣唐城也故中山記以爲中人城又以爲鼓聚殊爲乖謬矣言城中有山故曰中人山也中山郡治京相璠曰今中山望都里二十里有故中人城望都城東有一城名堯姑城本无中人之傳璠或以爲中

人所未詳也中山記所言中人者城東去望都故
城一十餘里二十里則減但苦其不東觀矣異說
咸為爽矣今此城於盧奴城北如西六十里城之
西北泉源所導西逕根山北郎唐音讀近實兼唐
水之傳西流歷九人亭注滱水又東左會一水水
出中山城北郎中阜下亦謂之唐水也然於城非
西在又名之謂雹水又兼二名焉西南流入滱並
所未詳蓋傳疑耳滱水又東恒水從西來注之自
下滱水兼納恒川之通稱焉即禹貢所謂恒衛既
從也滱水又東右苞馬溺水水出上曲陽城東北
馬溺水東北流逕伏亭晉書地道記曰望都縣有

馬溺關中山記曰八渡馬溺是山曲要害之地一一關勢接疑斯城即是關尉宿治異目之來非所詳矣馬溺水又東流注于滱滱水又東逕中人亭南春秋左傳昭公十三年晋荀吴率師侵鮮虞及中人大獲而歸者也滱水又東逕京丘北世謂之京南對漢頃王陵滱水北對君子岸岸上有哀王子憲王陵坎下有泉源積水亦曰泉上岸滱水又東逕白土北南即靖王子康三陵三墳並列者是滱水又東樂羊城北史記稱魏文侯樂羊滅中山蓋其故城中山所道也故城得其名滱水又東逕唐縣故城南北二城俱在滱水之陽故曰滱水逕

其東城西又有一水導源盧奴縣之西北是城西
平城之地泉湧而世俗亦謂之為唐水也東流至
唐城西北隅堨而為湖俗謂之唐池蓮荷被水勝
遊多萃其上信為嬉處也其水南入小溝下注滱
水自上歷下通禪唐川之兼稱焉應劭地理風俗
記曰唐縣西四十里得中人亭今於此城取中人
鄉則四十也唐水在西北入滱與應符合又言堯
山者在南則无山以擬之為非也闞駰十三州志
曰山治盧奴唐縣故城在國北七十五里駰所說
此則非也史記曰帝嚳氏没帝堯氏作始封於唐
望都縣在南今此城南對盧奴故城自外无城以

應之考古今知事義全遠俗名望都故城則八十
許里岠中山城則七十里驗途推邑宜為唐城城
北去山五里與七十五里之說相符然則俗謂之
都香山即是堯山在唐東北望都界皇甫謐曰堯
山一名豆山今山於城北而如東嶄絶孤峙唐牙
禁立山南有堯廟是即堯所登之山者也地理志
曰堯山南今考此城之南又无山以應之是故先
後論者咸以地理之說為失又即俗說以唐城為
望都城者自北无城以擬之假復有之途程紆山
河之狀全乖古證傳為疎罔是城西北豆山西足
有一泉源東北流逕豆山下合蘇水亂流轉注東

八滱是豈唐水乎所未詳也又於是城之南如東
一十餘里有一城俗為之高昌縣城或望都之故
城也故縣目曰望都縣在唐南皇甫謐曰相去
五十里稽諸城地猶十五里蓋書誤耳此城之東
有山孤峙世以山不連陵名之曰孤山孤都聲相
近疑即所謂都山也帝王世記曰堯母慶都所居
張晏曰堯山在北堯母慶都山在南登堯山見都
山故望都縣以為名也唐亦中山城也為武公之
國周同姓其後桓公不恤國政周王問太史餘曰
今之諸侯孰先亡乎對曰天生民而令有別所以
異禽狩也今中山淫昏康樂逞慾无度其先亡矣

後二年果滅魏文侯以封太子擊也漢高祖立中山郡景帝三年為侯國王莽之常山也魏皇始二年破中山立安州天興三年改曰定州治水南奴縣之故城周之衰也國有赤狄之難齊桓霸諸侯疆里邑土遣管仲攘戎狄築城以固之地理志曰盧水出北平疑為疎闊闞駰應劭之徒咸亦言是矣余按盧奴城內西北隅有水淵而不流南北一百步東西百餘步水色正黑俗名曰黑水池或云黑水曰盧不流曰奴故城北藉水以取名矣池水東北際水有漢王故宮處臺殿觀榭皆上國之制簡王尊貴壯麗有加始築兩宮開四門穿城北累

石竇通涿唐水流于城中造魚池釣臺戲馬之觀
歲久頹毀遺基尚存今悉加上為利利靈圖池之
四周民居駢比填褊穢陋而泉源不絕暨趙石建
武七年遣北中郎将始築小城興起北榭立宫造
殿後燕因其故宫建都中山小城之南更築隔城
興復宫觀今府榭猶傳故制昔耿昭伯歸世祖於
此處也滱水之右盧水注之上承城内盧水池自
漢及燕涿滱水逕石竇石竇既毀池道亦絶水潜
流出城潭積徵漲渭水東北注于滱滱又東逕漢
哀王陵北冢有二墳故世謂之兩女陵非也哀王
是靖王之孫康王之子也滱水又東右會長星溝

溝上曲陽縣西北長星渚渚水東流又合洛光水
水出洛光消東入長星水亂流東逕恒山下廟北
漢末喪亂山道不通此舊有下階神殿中世以來
歲書法族焉晋魏改有東西二廟廟前有碑闕壇
場列相爲其水東逕上曲陽縣故城北本岳牧朝
宿之邑也古者天子巡狩常以歲十一月至于北
岳侯伯皆有湯沐邑以自齋潔周昭王南征不還
巡狩禮廢邑郛乃存秦罷井田因以立縣 在山
曲之陽是曰曲陽有下故此爲上矣王莽之常山
亭也又東南流胡泉水注之受胡泉逕上曲陽縣
南又東逕平樂亭北左會長星川東南逕盧奴城

南又東北川渠之左有張氏墓冢有漢上谷太守
議郎張平仲碑光和中立川渠又東北合滱水水
有窮通不常津注

又東逕安喜縣南

縣故安險也其地臨嶮有井塗之難漢武帝元朔
五年封中山靖王子劉應爲侯國王莽更名寧嶮
漢章帝改曰安喜中山記曰縣唐水之曲山高岸
嶮故曰安嶮邑豐民安改曰安喜秦氏建元中唐
水泛長高岸崩頹城角之下有大積木交橫如梁
柱焉後燕之初此木尚在未知所從余考記稽疑
蓋城池當初山水洊溢漂淪巨栰阜積於斯沙息

壤加以成地板槃既與物固能久耳滱水又東逕鄉城北有舊盧奴之鄉也中山記曰盧如有三鄉斯其一焉後隸安喜城郭南有漢朝時孝子王立碑

又東過安國縣北

滱水歷縣東分為二水一水枝分東南流逕解瀆亭南漢順帝陽嘉元年封河間孝王子淑於解瀆亭為侯國孫宏即靈帝也又東南逕任丘城南又東南逕安郭亭南漢帝元封五年封中山靖王子劉慱為侯國其水又東南流入于呼池滱水又東北流逕解瀆亭北而東北注之矣

又東過慱陵縣南

滱水東北逕蠡吾縣故城南地理風俗志曰縣故饒陽之下鄉者也自河間分屬愽陵漢安帝永初七年封河間王開子翼爲都鄉侯順帝永建五年更爲侯國也又逕愽陵縣故城南即古陸城漢武帝元朔二年封中山靖王子劉貞爲侯國者也地理風俗記曰愽陵縣史記蠡吾故縣矣漢質帝本初元年繼孝質爲帝追尊父翼陵曰愽陵因以爲縣又置郡焉漢末罷還安平晋太始年復爲郡今謂是城爲野城滱水又東北逕侯世縣故南城又東北逕陵陽亭東又北左會愽水水出望都縣東南流逕其縣 故城南王莽更名曰順調矣又東南

潛入地下博水又東南於瀆重源湧發東南逕三梁亭南疑即古勺梁也竹書紀年曰燕人伐趙圍濁鹿趙靈王及代人救濁鹿敗燕師于勺燕者也今廣昌東嶺之東有山俗名之曰濁鹿羅地地不遠土勢相隣以此推之或近是矣所未詳也博水又東南逕穀梁亭南又東逕陽城縣散為澤渚渚水瀦漲方數里匪直蒲筍是豐實亦偏饒菱藕至若孌童丱及弱年崽子或單舟採菱或疊舸折芰長歌陽春愛深淥水掇拾者不言疲謠詠者自于時行旅過矚亦有慰於羈望矣世謂之為陽城澱也陽城縣故城近在西北故陂得其名焉郡國志曰

蒲陰縣有陽城者也今城在縣東南三十里其水
又伏流循瀆屆清梁亭西北重源又發愽水又東
逕自堤亭南又東逕廣望縣故城北漢武帝元朔
二年封中山靖王子劉忠爲侯國又東合堀溝溝
上承清梁陂又北逕清源城東即將梁也漢武帝
元朔二年封中山靖王子劉朝平爲侯國其水東
北入愽水水又東北左則濡水注之水出蒲陰縣
西昌安郭南中山記曰郭東有舜氏甘泉有舜及
二妃祀稽諸子傳記無聞此處世代文遠異說之
來於是乎在矣其水自源東逕其縣故城南枉渚
廻湍率多曲復亦謂之爲曲逆水也張晏曰湍水

於城北曲而西流是受此名故縣亦因水名而氏曲逆矣春秋左傳哀公四年齊國夏代晋取曲逆是也漢高帝擊韓王信自代過曲逆上其城望室宇甚多曰壯哉吾行天下唯雒陽與是耳詔以封陳平為曲逆侯王莽更名順平濡水又東與蘇水合水出縣西南近山東北流逕堯始亭南又東逕其縣入滱滱水又東得蒲水口水出西北蒲陽山西南流積水成淵東西一百步南北百餘叔深而不測水又東南流水側有古神祠世謂之為百祠亦曰蒲上祠所未詳也又南逕安陽亭東晋書地道記曰蒲陰縣有安陽關蓋安陽關都尉治世俗

名斯川爲安陽壙蒲水又東南歷壙逕安陽關下
名關睪爲唐頭坂出關北流又東流逕夏屋故城
實中嶮絶竹書紀年曰魏殷臣趙公孫裒伐燕還
取夏屋城曲逆者也其城東側因河仍墉築一城
世謂之寡婦城賈復從光武追銅馬五幡於北平
所作也世俗者轉故有是名以其水又東南流逕
蒲陰縣故城北地理志曰城在蒲水之陰漢章帝
章和二年行巡北岳以曲巡名不善因山水之名
改曰蒲陰焉水右合漁水水出北平縣西南魚山
山石善巨馬水發其下故世俗以物色名川東東
流注于蒲水又東入濡故地理志曰蒲水蘇水並

從縣東入濡水又東北逕樂城南又東入博水自
下博水亦兼濡水通稱矣春秋昭公七年齊與熟
會于濡水杜預曰濡水出高縣而東北至河間鄚
縣入易水是濡水與雲池渥易牙舉通稱矣地理
志曰博水東至高陽入河博水又東北徐水注之
水西出廣昌縣東南大嶺下世謂之廣昌嶺嶺高
四十餘里二十里中委折五廻方得達其上嶺故
嶺有五廻之名下望層山盛若蟻蛭實兼孤山之
稱亦峻崠也徐水三源奇發齊瀉一澗東流北轉
逕東山下水西有御射碑徐水又北流西屈逕南
巖下水陰又有一碑徐水又隨山南轉逕東崖下

水際又有一碑凡此三銘皆翼對層巖巖鄣深高壁立霞峙石文云皇帝以太延元年十二月車駕東巡逕五迴之嶮途覽崇岸之竦峙乃停駕路側援弓而射之飛矢踰于巖山刊石用讚元功夾碑竝有層臺二所即御射處也碑陰皆列樹碑官名徐水屈東北逕郎山又屈逕其山南岑山岑競舉若豎鳥翅立石嶄巖亦如劍杪極地嶮之崇峭溪武之世庚太子以巫蠱出奔其子遠遁斯山故世有郎山之名山內有郎山碑事具文徐水又逕郎山君子中觸鋒將軍廣南廟前有碑晉惠帝永康元年八月十四日壬寅發詔錫君父子法祠其碑

劉耀光初七年前潁丘太守郎宣北平太守陽平
邑振等共脩舊碑刻石樹頌焉徐水又逕北平縣
縣界有漢熹平四年幽冀二州以代子詔書遣冀
州從事王球幽州從事張眼郡縣分境立石標界
具揭石文矣徐州又東南流歷石門中世俗謂之
龍門也其山上合下開開處高六丈飛水歷其間
南出乘崖傾瀾泄注七丈有餘渀盪之音奇為壯
猛觸石成井水深不測素波白激濤襄四陸闞之
者驚神臨之者駭魄矣東南出山逕其城中有故
碑是太白君碑郎山君之元子也其水又東流漢
光武追銅馬五幡於北平破之順水北乘勝追北

為其所敗短兵相接光武自投崖下遇突騎王豐
於是授馬進保范陽順水蓋徐水之別名也徐州
又東逕蒲城北又東逕清苑城又東南與沈水出
蒲西俗謂之泉頭水也地理志曰北平縣有急水
東入河即是水也東逕其城又東南左入徐水地
理志曰東至高陽入河今不能也徐水又東左合
會曹水出西北水也寧縣曹河澤東南流左合岐
山之水水出岐山東逕邢安城北又東入南曹河
曹水又東南逕北新城縣故城南河南又逕新城
故城姤此此王莽之朔寧縣也曹水又東入于徐
水水又東南逕故城北俗謂之祭過城所未詳也

徐水又東流博水地理志曰徐水出北平東至高陽入于河又東入滱地理志曰博水自望都東至高陽入于河

又東北入于易

滱水又東北逕依城北世謂之依城河他說無依城之名即古葛城也郡國志曰高陽有葛城燕以與趙者也滱水又東北逕阿陵縣故城東王莽之阿陵也建武二年更封岸將軍任光為侯國滱水東北至長城注于易水者也

水經卷第十一

水經卷第十二

桑欽撰　酈道元注

聖水　巨馬水

聖水

聖水出上谷

故燕也秦始皇二十三年置上谷郡王隱晉書地道志曰郡在谷之頭故因以上谷名焉王莽改名朔調也水出郡之西南聖水谷東南流逕大防嶺之東首山下有石穴東北洞開高廣四五丈入穴轉更崇深穴中有水耆舊傳言昔有沙門釋惠彌者好精物隱嘗篝火尋之傍水入穴三里有餘穴

此下三葉錯簡在十三卷中

分為二穴如小西北出不知趣諸一穴西南出入水逕五六日方還又不測窮深其水夏冷冬温春秋有白魚出穴數日而返人有採捕食者美珎常味蓋亦丙穴嘉魚之流類也是水東北流入聖水聖水又東逕玉石山謂之玉石口山多珉玉燕石故以玉石名之其水伏流里餘潛源東出又東頳波瀉潤一丈有餘屈而流也

東過良鄉縣南

聖水南流歷縣西轉又南逕良鄉縣故城西王莽之廣陽也有防水注之水出縣西北大防山南而東南流逕羊頭阜下俗謂之羊頭溪其水又東南

即淶水也有二源俱發淶山東逕廣昌縣故城南王莽之廣屏魏封樂進爲侯國矣淶水又東北逕西射魚城東南而東北流又逕東射魚城南又屈逕其城東竹書紀年曰荀瑶伐中山取窮魚之丘窮射字相類疑即此城也所未詳矣淶水又逕三女亭西又逕樓亭北左屬白澗溪水有二源合注一川川石皓然望同積雪故以物色受名其水又東北流謂之石曹水伏流地下潛則通津委注謂之白澗口淶水又東北桑谷水注之水南發溪北注淶水淶水又北逕小黌東又東逕大黌南盖霍原隱教授處也徐廣云原隱居廣陽山教授數千

人爲王浚所召雖千古世懸猶表二釁之稱既無
碑頌競不知定誰居也涞水又東北歷紫石溪口
與紫水合水北出聖人城北大亘下東南流左會
疊砢溪水蓋山崩委澗積石渝隍故溪澗受其名
矣水出東北西南流注紫石溪水紫石溪水又逕
聖人城東又東南右會檐車水水出檐車硎東南
流逕聖人東南城南流注紫石水又南注于涞水
涞水又東南逕榆城南又屈逕其城東謂之榆城
河涞水又南逕藏刀山下層巖壁立直長千霄遠
望崖側有若積刀鏍鏍相比咸悉西首涞水東逕
徐城北出焉世謂之沙溝水又東督亢溝出焉一

水東南流即督亢溝也一水西南出即淶之故瀆矣水盛則長津弘注水耗則通波潛伏重源顯於迺縣舊則川矣

東過迺縣北

淶水上承故瀆於縣北垂重源再發結為長潭潭廣百許步長數百步左右翼帶涓流控引水自成淵渚長川漫下十一許步東南流逕縣故城東漢景帝中元三年以封匈奴降王隆强為侯國王莽更名迺屏也謂之巨馬河亦曰渠水也又東南流袁本初遣別將崔巨業攻固安不下退還公孫瓚追擊之於巨馬水死者六七千人即此水也又東南

逕范陽縣故城北易水注之

又東南過容城縣北

巨馬水又東鄺亭溝水注之水上承督亢溝水於迺縣東東南流歷紫淵東余六世祖樂浪府君自涿之先賢鄉爰宅其陰西帶巨川東翼兹水枝流津通纏絡墟圃匪直田漁之贍可懷信為遊神之勝處也其水東南流又名之為鄺亭溝其水又西南轉歷大利亭南入巨馬水又東逕容城縣故城北又東督亢溝水注之水上承淶水於淶谷引之則長津委注過之則微川輟流水德含和變通在我東南流逕迺縣北又東逕涿縣鄺亭樓桑里南

即劉備之舊里也又東逕督亢澤澤苞方城縣縣
故屬廣陽後隸於涿郡國志曰縣有督亢亭孫暢
之述畫有督亢地圖言燕太子丹使荊軻齎入秦
秦王殺軻圖亦絶滅地理書上古聖賢冢地記曰
督亢地在涿郡今故安縣南有督亢陌幽州南界
也風俗通曰沆漭也言乎淫淫漭漭無崖際也沆
澤之無水斥鹵之謂也其水自澤枝分東逕涿縣
故城南又東逕漢侍中盧植墓南又東散為澤渚
督亢澤也北屈涯于桃水督亢水又南謂之白溝
水南逕廣陽亭西合而南枝溝溝水西受巨馬河
東出為枝溝又東注白溝白溝又南入于巨馬河

巨馬河又東南逕益昌縣𤃬瀫水石注之水上承
護陂於臨鄉縣故城西東南逕逕臨鄉南漢封廣
陽王子湏為侯國地理風俗記曰方城南十里有
臨鄉城故縣也城南十里淀水又東南逕益昌縣
故城西南入巨馬水目馬水東逕益昌縣故城南
漢封廣陽頃王子嬰為侯國王莽之有秩也地理
風俗記曰方城縣東八十里有益昌城故縣也又
東入犬灊水注之水出安次縣東北平地泉東南
逕安次城東東南逕泉州縣故城西又南右合雩
池河枯灊灊自安次西北東逕常道城東安次縣
故城西晉司空劉琨所守以拒石勒也

又東南至泉州縣西南東入八丈濂又南

入巨馬河亂流東注也

又東過勃海東平舒縣北東入于海

地理志曰淶水東南至容城入于海河即濡水也

蓋升以明會矣巨馬水於平舒北南入于雩池而

同歸於海也

水經卷第十二

水經卷第十三

桑欽撰　酈道元注

㶟水

㶟水出鴈門陰館縣東北過代郡桑乾縣南

㶟水出于㶟頭山一曰治水泉發于山側沿坡歷澗東北流出山逕陰館縣故城西縣故樓煩鄉也漢景帝後元三年置王莽更名富臧矣魏天安三年齊平徙其民於縣立平齊郡㶟水又東北流左會桑乾水縣西北上下洪源七輪謂之桑乾泉即溹涫水者也耆老云其水潛承太原汾陽縣北燕京山之大池池在山原之上世謂之天地方里餘

其水澄渟鏡淨而不流若安定朝那之湫淵也清水流潭皎焉沖照池中嘗无斥草及其風澤有淪輙有小鳥翠色投淵銜出若會稽之私鳥也其水陽焊不耗陰霖不濫无能測其淵深也古老相傳言嘗有人乘車於池側忽過大風飄之於水有人獲其輪於桑乾泉故知二水潛流通注矣池東隔阜又有一右池方可五六十步清深鏡潔不異大池桑乾水自源東南流右會馬邑川水水出馬邑西川俗謂之磨川矣蓋狄語言訛馬磨聲相近故爾其水東逕馬邑縣故城南干寶搜神記曰昔秦人築城於武周塞内以備胡城將成而崩數矣有

已下三葉是十二卷
聖水注錯簡於此

流至縣東入聖水聖水又南與樂水合水出縣西北大防南山東南流歷縣西而東南流注聖水又東過其縣故城南又東逕聚聖南蓋藉水而懷稱也又東與侠河合水出良鄉縣西甘泉原東谷東逕西鄉縣故城北王莽之移風也世謂之都鄉城按地理志涿郡有西鄉縣而無都鄉城蓋世傳之非也又東逕良鄉城南又東北注聖水世謂之扶活河又名之白非理之瀵也

又東過長鄉縣北

聖水自涿縣東與桃水合首受涞水於徐城東南良鄉西分恒水世謂之南涉瀵即杭水也東 逕廼

縣北又東逕涿縣故城下與涿水合世以為涿水又亦謂之桃水出涿縣故城西南奇溝東八里大坎下數泉同發東逕桃仁墟北或曰因水以名墟則是桃水也或曰終仁之故居非桃水也余按地理志桃水上承淶水此水所發不與志同謂終為是又東北與樂堆泉合水出堆東東南流注于涿水涿水又東北逕涿縣故城西流注于桃應劭曰涿郡故燕漢高帝六年置其南有涿水蓋氏焉闞駰亦言是矣今於涿城南無水以應之所有唯西南有是水矣應劭又云涿水出上谷涿鹿縣余按涿水自涿鹿東注㶟水㶟水東南逕廣陽郡與涿

郡分水漢高祖六年分燕置涿郡涿之爲名當受涿水通稱矣故郡縣氏之但物理潛通所在分發故在上谷爲涿耶水山川阻闊並無沿注之理所在受名者皆是經隱顯相関遥情受用以此推之事或近矣而非所安也桃水又東逕涿縣故城北王莽更名垣翰晉太始元年改曰范陽郡今郡理涿縣故城城内東北角有晉康王碑城東有范陽王司馬彪廟碑桃水又東北與垣水會水上分淶水於良鄉縣之桃水世謂之北涞溝故應劭曰恒水出良鄉東逕垣縣故城北史記音義曰河間有武垣縣涿有垣縣漢景帝中元三年封匈奴降王

勝為侯國王莽之垣輸亭矣世謂之頃城非也又
東逕頃亦地名也故有頃上言世名之頃前河又
東洛水注之水上承鳴澤渚渚方一十五里漢武
帝元封四年行幸鳴澤者也服虔曰澤名在廼縣
北界即此澤矣西則獨樹水水注之出廼縣北山
東入渚北有甘泉水注之出良鄉西山東南逕西
鄉城西而南注澤渚水又東逕西鄉城南又東逕
垣縣而南入垣水垣水又東逕涿縣北東流注于
桃故應劭曰垣水東入桃闞駰曰至陽鄉注之今
按經脉而不能届也桃水東入陽鄉東注聖水聖
水又東廣陽水注之水出小廣陽西山東逕廣陽

縣故城北又東福祿水注焉水出西山東南逕廣陽縣故城南東入廣陽水亂流東南至陽鄉縣右注聖水聖水又東南逕陽鄉城西不逕其北矣縣故涿之陽亭也地理風俗志曰涿縣東五十里有陽鄉亭後分爲縣王莽時更名章武即長鄉縣也按太康地記涿有長鄉而無陽鄉矣聖水又東逕長興城南又東逕方城縣故城李牧伐燕取方城是也魏封劉放爲侯國聖水又東左會白祀溝溝水出廣陽縣之婁城東東南流左合婁城水水出平地導泉東南流右注白祀水亂流東南逕常道城西故鄉亭也西去長鄉城四十里魏少帝璜甘

露三年所封也又東南入聖水聖水又東南逕韓城東詩韓奕章曰溥彼韓城燕師所完王錫韓侯其追其貊奄受北國鄭玄曰周封韓侯居韓城為侯伯言為獫夷所逼稍稍東遷也王肅曰今涿郡方城縣有韓侯城世謂寒號非也聖水又東南流右會清淀水水發西淀東流注聖水謂之劉公口也

又東過安次縣南東入于海

聖水又東逕勃海安次縣故城南中平二年桓帝封荊州刺史王敏為侯國又東南流注于巨馬河而不達于海也

巨馬河出代郡廣昌縣淶山

馬走一地周旋反覆父老異之因依以築城城乃
不崩遂名馬邑或以為代之馬城也諸記紛競未
識所是漢以斯邑封韓王信後為匈奴所圍信遂
降之王莽更名之曰章昭水其東流桑乾水桑乾
水又東南流水南有故城城南北臨河又東南右合
㶟水亂流枝之南分桑乾水又東左合武周塞水
水出故城東南流出山逕日沒城南蓋夕陽西頹
戎車所薄之城故也東有日中城城東又有早起
城亦曰食時城在黃瓜阜北曲中其水又東流右
注桑乾水桑乾水又東南逕黃瓜阜曲西又屈逕
其堆南徐廣曰猗盧廢嫡子曰利孫于黃瓜堆者

也又東右合枝津枝津上承桑乾河東南流逕桑
郡北大魏因水以立郡受厥稱焉又東北左合夏
屋山水水南出夏屋山之東溪西北流逕故城北
所未詳也又西北入桑乾枝水桑乾枝水又東流
津委浪通結兩湖東湖西浦淵潭相接水至清深
晨鳧夕鴈泛濫其上黛甲素鱗潛躍其下俯仰池
潭意深魚鳥所寡唯良木耳俗謂之南池池北對
注陶縣之故城故曰南池也池水又東北注桑
乾水為漯水並受通稱矣漯水又東北逕魏亭西
蓋皇魏天賜三年之所経建也漯水又東北逕白
狼堆南魏列祖道武皇帝於是遇白狼之瑞故斯

皋納稱烏皋上有故宮廟樓榭基雖尚崇每至鷹
隼之秋羽獵之日肆閲清野爲昇眺之逸地矣㶟
水又東流四十九里東逕巨魏亭北又東崞川注
之水南出崞山縣故城南王莽之崞張也縣南面
玄岳右背崞山處三山之中故以崞張爲名矣其
水又西出山謂之崞口北流逕繁峙故城東王莽
之冨要也又北逕巨魏亭又北逕劇陽縣故城西
王莽之善陽也按十三州志曰在陰館縣東北一
百三里其水又東注于㶟水㶟水又東逕班縣南
如渾水注之水出凉城旋鴻縣西南五十餘里東
流逕故城南北俗謂之獨谷孤城水亦即名爲東

合旋鴻池水水出旋鴻縣東山下水積成池北引
魚水水出魚溪南流注池池水吐納川流以成巨
沼東西二里南北四里北對涼州地之南池池方
五十里俗名乞伏袁池雖隔越山阜鳥道不遠云
霞之間常有西南流逕旋鴻縣南又合如渾水是
揔二水之名矣如渾水又東南流逕永固縣縣以
太和中因山堂之目以氏縣也右會羊水水出平
城縣之西苑外武周塞北出東轉逕燕昌城南按
燕書建興十年慕容寶自河而還軍敗於叅合死
者六萬人十一年出衆北至叅合見積骸如山設
策吊之死者父兄皆號泣六軍哀慟垂慙憤嘔血

因而寢疾焉舉過平城北四十里疾篤築燕昌城
而還即此城也故北俗謂之老公城也羊水又東
注于如渾水亂流逕方嶺上有文明太皇太后陵
陵之東北有高祖陵二陵之南有永固堂堂之四
周隅雉列榭階欄檻及扉户梁壁椽瓦悉文石也
檐前西柱採洛陽之八風谷黑石爲之雕鏤隱起
以金銀間雲雉有若錦焉堂之內外四側結兩石
扶帳青石屏風以文石爲緣並隱起忠孝之容題
刻貞順之名廟前鐫石爲碑獸碑石至家左右列
柏四周迷禽闇日院外西側有思遠靈圖圖之西
有齋堂南門表二石闕闕下斬山累結御路下望

靈泉宮池皎若圓鏡矣羊水又東注如渾水又南
至靈泉池枝津東南注池池東西一百步南北二
百步池渚舊名白楊泉泉上出白楊樹因以名焉
其猶長楊五柞之流稱矣南面舊京北背方嶺左
右山源亭觀繡峙方湖及景若三山之倒水下如
渾水又南逕北宮下舊宮人作瀆所在如渾水又
南分為二水一水西出南屈入此苑中歷諸池沼
又南逕虎圈東魏太平真君五年成之以牢虎也
季秋之月聖上觀御圈上勑虎士効力於其下事
同奔戎生制猛獸即詩所謂祖楊暴虎獻于公所
也故魏有捍虎圖也又經平城西郭內魏太常七

年所成也城周西郭外有郊天壇壇之東側有郊
天碑建興四年立其水南又屈逕平城縣故城南
史記曰高帝先至平城史記音義曰在鴈門即此
縣矣王莽之平順也魏天興二年遷都於此太和
十六年破太華安昌諸殿造太極殿東西堂及朝
堂夾建象魏乾先中陽端門東西二掖門雲龍神
虎中華諸門皆飾以觀閣東堂東接太和殿殿之
東階下有一碑太和中立石是洛陽八風谷之緇
石也殿之東北接紫宫寺南對承賢門門南即皇
信堂堂之四周圖古聖忠臣烈士之容刊題其側
是辯章郎彭城張僧達樂安蔣少遊于堂南對白

臺臺甚高廣臺基四周列壁閣路自內而升國之
圖籙祕籍悉積其下臺西即朱明閣有侍之官出
入所由也其水夾御路南流逕蓬臺西魏神瑞三
年又毀建白樓樓甚高竦加觀榭於其上表裏飾
以石粉皜曜建素赭白綺分故世謂之白樓也後
置大鼓於其上晨昏伐以千椎為城里諸門啓閉
之候謂之戒晨鼓也又南逕皇舅寺西是太師犂
昌憑晉國所造有五層浮圖其神圖像皆合青石
為之加以金銀火齊衆綵之上煒煒有精光又南
逕水寧七級浮圖西制甚妙工在寡雙又南遠出
郊郭弱柳蔭街絲楊被浦公私引裂用周園挽長

塘曲也所在布濩故不可得而論也一水南逕白登山西服虔曰白登臺名也去平城七里如淳曰平城傍之高城若丘陵矣今平城東十七里有臺即白登臺也臺南對罡阜即白登山也故漢書稱上遂至平城上白登者也為匈奴所圍處孫暢之述畫曰漢高祖被圍七日陳平使能畫作美女送與冒頓閼氏恐冒頓勝漢其寵必衰說冒頓解圍於此矣其水又逕寧先宮東獻文帝之為太上皇也所居故宮矣宮之東次下有兩石柱是石虎鄴城東門石橋柱也按柱勒趙建武中造以其石作工妙徙之於此余為尚書祠部與宜都王穆羆同

拜北郊親所逢見柱側悉鏤雲矩上作蟠螭甚有
形勢信為工巧去子丹碑側遠矣其水又南逕平
城縣故城東司州代尹治皇都洛陽以為恒州水
左有大道壇廟始光二年少室道士寇謙之所議
建也兼諸岳廟碑亦多所署立其廟階王成四周
欄檻上階之上以木為員基令千相枝梧以板切
其上欄陛承阿上員制如明堂而專室四戶室內
有神坐坐右列玉磬皇輿親降受籙靈壇號曰天
師宣陽道式暫重當時壇之東北舊有靜輪宮魏
神䴥四年造抑亦相梁之流也臺高廣超出雲閣
欲令上延霄客下絕囂浮太平真君十一年又毀

之物不停固白登亦繼褫矣水石有三層浮圖真
容鷲架悉結石也裝制鹿質亦盡美善也東郭外
太和中閹人宕昌公鉗耳慶時立祇洹舍於東睪
椽瓦梁棟臺壁欞陛尊容聖像及床坐軒帳悉青
石也圖制可觀所恨唯列壁合石疎而不密庭中
有祇洹碑碑題大篆非佳耳然京邑帝里佛法豐
盛神圖妙塔桀跱相望法輪東轉茲為上矣其水
自北苑南出歷京城內河千兩湄太和十年累石
結岸夾塘之上雜樹交蔭郭南結兩石橋橫水為
梁又南逕籍田及藥圃西明堂東明堂上圓下方
四周十二戶九堂而不為重隅也室外柱內綺井

之下施機輪飾縹仰象天狀畫北道之宿焉蓋天
也每月隨斗所建之辰轉應天道此之異古也加
靈臺於其上下則引水為辟雍水側結石為塘事
准古制是太和中之所經建也如渾水又南與武
周川水會水出縣西南山下二源翼導俱發一山
東北流合成一川北流逕武周縣故城西王莽之
桓周也又東北石合黃山水西出黃阜下重北流
聖山之水注為水出西山東流注于黃水黃水又
東注武周川又東歷故亭北右合火山西溪水水
導源火山西北流山上有火井南北六十七步廣
減尺許源深不見底炎勢上升常若微雷發響以

草爨之則煙騰火發東方朔神異傳云南方有丈
山為長四十里廣四五里其中皆生不燼之木晝
夜火然得雨猛風不滅火中有鼠重百斤毛長二
尺餘細如絲色白時時出火以水逐而沃之則死
取其毛績以為布謂之火浣布是山亦其類也但
赤物則不能然其山以火從地中出故亦名榮臺
矣火井東五六尺又東有湯井廣輪與火井相狀
勢熱又同以草内之則不然皆沾濡露結故俗以
湯井為目井東有文井祠以時祀祭焉井北百餘
步有東西谷廣十許步南岸下有風穴厥大容人
其深不測而穴中肅肅常有微風雖三伏盛暑猶

須襲裘寒吹凌人不可暫停而其山出雛烏形類
雅烏純黑而姣好音與之同續彩紺發觜若丹砂
性馴良而易附非童幼子捕而執之赤觜烏亦曰
阿雛烏按爾雅純黑反哺謂之慈烏小而腹下白
不反哺者謂之雅烏白頭而群飛者謂之燕烏大
而白頭者謂之蒼烏爾雅曰鸒斯卑居也孫炎曰
卑居楚烏犍為舍人以為壁屋說文謂之雅雅楚
烏莊子曰雅賈矣馬融亦曰賈烏者也又按瑞應
圖有三足烏赤烏白烏之名而无記於此烏故書
其異耳自恒山已北並有此矣其水又東北流注
武周川水武周川水又東南流水側有石秖洹舍

并諸窟室比丘尼所居也其水又東轉逕靈巖南鑿石開山因崖結構肯容巨壯法世所締山堂水殿烟寺相望林淵錦鏡綴目新時川水又東南流出山魏土地記曰平城宮西三十里武周塞口者也自山口枝渠東出入苑溉諸園池苑有洛陽殿殿北有宮館一水自枝渠南流東南出火山水注之水發火山東溪東北流出山山有石炭火之勢同樵炭也又東注周武川逕平城縣東南流注如渾水又南流逕班氏縣故城東王莽之班也闞駰十三州志曰班氏縣在郡西南百里北俗謂之去留城也如渾水又東南流注于濕水濕水又東逕

北平邑縣故城南趙獻侯十三年城平邑地理志曰屬代王莽所謂平湖也十三州志曰城在高柳南八十里北俗謂之醜寅城㶟水又東逕沙陵南魏金田之地也事同曹武鄴中定矣㶟水東逕狋氏縣故城北王莽更名之曰狋聚也十三州志曰縣有高柳南百三十里俗謂之苦力千城矣㶟水又東逕道人縣故城南地理志曰王莽之道仁也地理風俗記曰初築此城有仙人遊其地故因以為城名矣今城北有淵潭而不注故俗謂之為平湖也十三州志曰道人城在高柳東北八十里所未詳也㶟水又東逕陽原縣故城南地理志代

郡之屬縣也北俗謂之比郍州城㶟水又東水又東陽水注之水出縣東北澤中北俗謂之太拔迴水水自源東南流注于㶟水又東逕東安陽縣故城北趙惠文王三年封長子章為代安陽君此即章封邑王莽之竸安也地理風俗記曰五原有西安陽故此加東也㶟水東逕昌平縣溫水注之水出南墳下三源俱導合而南流東北逕㶟水㶟水又東逕昌平縣故城北王莽之長昌也昔韋招為魏鮮卑校尉比此㶟水又東北逕桑乾縣故城西又屈逕其城北王莽更名之曰安德也魏土地記曰代城北九十里有桑乾城城西渡桑乾水去城

十里有温湯療疾有驗經言出南非也蓋悮證矣
魏任城王彰以建安二十三年伐烏丸入涿郡遂
北遂至桑乾止於此也水入東流祁夷水注之水
出平舒縣東逕平舒縣之故城南澤中史記趙孝
成王十九年以汾門予燕易平舒徐廣曰平舒在
代王莽更名之曰平葆後漢世祖建武七年封陽
武將軍馬成為侯國公水控引衆泉以成一川魏
土地記曰代城西九十里有城平舒西南五里代
水所出東北流言代水非也祁夷水又東北逕蘭
亭南又東北逕石門關北舊道出中山故關也又
東北流水側有故池按魏土地記曰代城西南三

十里有代王魚池池西北有代王臺東云代城四十里祁夷水又東北得飛狐谷即廣野君所謂杜飛狐之口也蘇林據鄴公之說言在上黨即實非也如淳言在代是矣晋建興中劉琨自代出飛狐口奔於安次即於此道也魏土地記曰代城南四十里有飛狐門門水西北流逕南舍亭西又逕句璅亭西西北注祁夷水祁夷水又東北流逕代城西盧植言初築此城板幹一夜自移此故代西南五十里大澤中營城自護結蒂為九門於是就以為治城圓匝而不方周四十七里開九門更名其故城曰東城趙滅代漢封孝文為代王梅福上事

曰代谷者恒山在其南北塞在其北谷中之地上谷在東代郡在西是其地也王莽更之曰厭狄亭魏土地記曰城內有二泉一源流出城西門一源流出城北門二源皆北注代水祁夷水又東北熱水注之水出綾羅澤澤際有熱水亭其水東北流注祁夷水又東北谷水注之出昌平縣故城南又東北入祁夷祁夷右會逆水水導源將城東西北流逕將城北在代城東北一十五里疑即東代矣而尚傳將城之名盧植曰此城方就而板榦自移應劭曰城從西南去故代五十里故名代曰東城或傳書倒錯情用疑焉而无以辯之逆水又西注

于祁夷之水逆之爲名以西流故也祁夷水東北
逕青牛淵水自淵東注之耆諺云有潛龍出于兹
浦形類青牛焉故淵潭受名矣潭深不測而水周
多蓮藕生焉祁夷水又北逕一故城西西去代城
五十里又疑是代之東城而非所詳也又逕昌平
郡東魏太和中置西南去故城六十里又北連水
入焉水出雊瞀縣東西北流逕雊瞀縣故城南又
西逕廣昌城南魏土地記曰代南二百里有廣昌
城南通大嶺即此非也十三州記曰平舒城東九
十里有廣平城疑是城也尋其名狀忖理爲非又
西逕王莽城南又西到刺山水注之水出到刺山

西山甚層峻未有升其嶺者魏土地記曰代城東五十里有到刺山山上有佳大黄也其水北流逕一故亭東城北有石人故世謂之石人城西北注蓮水又北逕當縣故城西高祖十二年周勃定代斬陳豨於當城即此處也應劭曰當桓都山作城故曰當城也又逕故代東而西北流注祁夷水祁夷水西有隨山山上有神廟謂之女郎祠方俗所祠也祁夷水又北逕桑乾故城東而北流注于㶟水地理志曰祁夷水出平舒縣北至桑乾入㶟是也㶟水又東北逕石山水口水出南山北流逕空侯城東魏土地記曰代城東北九十里有空侯城

者其水又東北流注㶟水㶟水又東逕潘城縣北
東合協陽關水水出協溪魏土地記曰下洛城西
南九十里有協陽關關道西通代郡其水東北流
歷笄頭山闞駰曰笄頭山在潘城南即是山也又
北逕潘縣故城左會潘泉故瀆瀆舊上承潘泉於
潘城中或云舜所都也魏土地記曰下洛城西南
四十里有潘城城西北三里有歷山山上有虞舜
廟十三州記曰廣平城東北一百一十里有潘縣
地理志曰王莽更名樹武其泉從廣十數步東出
城注協陽關水雨盛則通注陽旱則不流唯洴泉
而已關水又東北流注于㶟水又東逕雍洛城南

魏土地記曰下洛城西西二十里有雍洛城桑乾
水在城南東流者也㶟水又東逕下洛縣故城南
王莽之下忠也魏燕州廣寧縣廣寧郡治魏土地
記曰去平城五十里城南二百步有堯廟㶟水又
東逕高邑亭北又東逕三臺北㶟水又東逕无鄉
城北地理風俗記曰燕語呼亡為无今改宜鄉也
㶟水又東逕温泉水注之水上承温泉於橋山下
魏土地記曰下洛城東南四十里有橋山下有温
泉泉上有祭堂彫簷華宇被于浦上石池吐泉湯
湯其下炎涼代序是水灼焉无改能治百疾是使
赴者若流池水北流入于㶟水㶟水又東左得于

延水口水出塞外子玄鎮西長川城南小山山海經曰梁渠之山无草木多金玉循水出焉東南流逕且如縣故城南應劭曰當城西北四十里有且如城故縣也代稱不拘名號變改校其程郭相去遠矣地理志曰東部都尉治于延水出縣北塞外即循水也循水又東南逕馬城縣故城北地理志曰東部都尉治十三州志曰馬城在高柳東二百四十里俗謂是水為河頭河頭出戎方土俗變名耳又東逕零丁城南右合延鄉水水出縣西山東逕延陵縣故城北地理風俗記曰當城西北有延陵鄉故縣也俗指調之埼城川又東逕羅亭又東

逕馬城南又東注脩水又東南於大甯郡北右注鴈門水山海經曰鴈門之水出于鴈門之山鴈出其閒在高柳北高柳在代中其山重巒疊巘霞舉雲高連山隱隱東出遼塞其水東南流逕高柳縣故城北舊代郡治秦始皇二十三年虜趙王遷國以為郡王莽之所謂厭狄也建武十九年世祖封代相堪為侯國昔韋招斬韓忠於此處城在平城東南六七十里於代為西北也鴈門水又東南流屈逕一故城背山面澤北俗謂之叱險城鴈門水又東南流屈而東北積而為潭其陂斜長而不方東北可二十餘里廣一十五里蕙薮蘭生焉敦水

注之道導水導源西北少咸之山南麓東流逕叅合
縣故城南地理風俗記曰道人城北五十里有叅
合鄉故縣也敦水東又㶟水注之出東阜下西北
流逕故城北俗謂之和堆城又北合敦水亂流東
北注鴈門水故山海經曰少咸之山敦水出焉東
流注于鴈門之水郭景純曰水出鴈門山謂斯水
也鴈門水又東北入陽門山謂之羊門水與神泉
水出蓄壁北水有靈焉及其密雲不雨陽旱愆期
多禱請焉水有二流世謂之比連泉一水東北逕
一故城東世謂之石虎城而東北流注陽門水又
東逕三會亭北又東逕西伺道城北又東託台谷

水注之水上承神衆於葍壁北東逕羊門山南記
台谷謂之託台水汲引泉溪澤澤濤東注行者聞
一十餘渡東逕三會城南又東逕託台亭北又東
北逕馬頭亭北東北注鴈門水鴈門水又東逕大
寧郡北魏大和中置有脩水注之即山海經所謂
脩水東流注于鴈門水也地理志曰有于延水而
无鴈門脩水之名山海經有鴈門之目而燕說于
延河自下亦通謂之于延水矣水側有桑林故時
人亦謂是水為藂桑河也斯乃北土寡桑至此見
之因以名焉于延水又東逕罡城南按史記蔡澤
燕人也謝病歸相秦號罡成君疑即澤所邑也世

名武罡城延水又東左與寧川水合水出西北東
南流逕延小寧縣故城西東南流注于延水又東逕
小寧縣故城南地理志寧縣也西部都尉治王莽
之愽康也魏土地記曰大寧城西二十里有小寧
城昔邑人班丘仲居水側賣藥於寧百餘年人以
為壽後地動宅壞仲與里中數十家皆死民人取
仲尸弃于延水中收其藥賣之仲被裘從而詰之
北人大怖叩頭求哀仲曰不恨汝故使人知我耳
去矣後為大餘王驛使永寧北方人謂之謫仙也
于延水又東黑城川水注之水有三源出黑土城
西北奇源合注總為一川東南逕黑土城西又東

南流逕大甯縣西而南入延河延河又東逕大甯
縣故城南地理志云廣甯也王莽曰廣康矣魏王
地記曰下洛西北百三十里大甯城于延水又東
南逕茹縣故城北王莽之穀武也世謂之如口城
魏土地記曰城在鳴雞山西十里南通大道西達
寧川于延水又東南逕鳴鷄山西魏土地記曰下
洛城東北三十里有延河東流北有鳴鷄山史記
曰趙襄子殺代王於夏屋而并其土襄子迎其姊
於代其姊代之夫人也至此曰代已亡矣吾將何
歸乎遂磨笄於山而自殺代人憐之爲立祠焉因
名其爲磨笄山每夜有野雞群鳴於祠屋上故亦

謂之為鳴雞山魏土地記云代城東南二十五里有馬頭山其側有鍾乳穴趙襄子既害代王迎姊姊代夫人夫人曰以弟慢夫非仁也以夫怨弟非義也磨笄自刺而死使者自殺民憐之為立神屋於山側因名之為磨笄山未詳孰于是延水又南逕且居縣故城南王莽之所謂文居也其水東南流注于濕水地理志曰于延水東至其寧入治非矣

又東過涿鹿縣北

涿水出涿鹿山世謂之張公泉東北流逕涿鹿縣故城南王莽所謂褫陸也黄帝與蚩尤戰於涿鹿之野留其民於涿鹿之河即於是也其水又東北

與陂泉合其水導源縣之東泉魏土地記曰下洛
城東南六十里有涿鹿城城東一里有陂泉泉上
有黄帝祠晉太康地理記曰陂泉亦地名也泉水
東北流與蚩尤泉會水出蚩尤城城無東面魏土
地記稱涿鹿城東南六里有蚩尤城泉水淵而不
流霖雨併則流注陂泉亂流東北入涿水涿水又
東逕平源郡南魏徙平源之民置此故立僑郡以
統流雜涿水又東北逕祚亭北而東北入㶟水亦
云涿水枝分又匈奴者謂之涿耶地理潛顯難以
究昭非所知也㶟水又東南左會清夷水亦謂之
滄河也水出長亭南西逕北城村故城北五西北

平鄉川水注之出平鄉亭西西北流注清夷水清夷水〻又西北逕陰莫亭在居庸縣南十里清夷水又西會牧牛山魏土地記曰沮陽城東八十里有牧牛山下有九十九泉即滄河之上源也山在縣東北三十里山上有道武皇帝廟耆舊云山下亦有百泉競發有一神牛駮身自山而降下飲泉竭故山得其名今山下導九十九泉積以成川西南流國水與浮圖溝水注之出夷縣故城西南王莽以為朔調亭也其水俱西南流注于滄水又西南右合地裂溝古老云晉世地裂分此界間成溝壑有小水俗謂之分界水南流入滄河又西逕居庸

縣故城南魏上谷郡治昔劉虞攻公孫瓚不尅北
保此城爲瓚所擒有栗水入焉水出縣下城西桃
水又屈逕其縣南南注滄河又西與右陽溝水合
水出縣東北西南流逕居庸縣城北西逕大翮小
翮山南高巒截雲層陵斷霧雙阜共秀競舉群峯
之上郡人王次仲少有異志年及弱冠變蒼頡舊
文爲今隸書秦始皇時官務煩多以次仲所易文
簡便於事要奇而召之三徵而輙不至次仲履真
懷道窮數術之美始皇怒其不恭令檻車送之次
仲首發於道化爲大鳥出在車外翻飛而去落三
翮於斯山故其峯巒有大翮小翮之名矣魏土地

記曰沮陽城東北六十里有大翮小翮山山上神
名大翮神山屋東有温湯水口其山在縣西北二
十里峯舉四十里上廟則次仲廟也右出温湯療
治萬病泉所發之麓俗謂之土亭山此水炎熱倍
甚諸湯下足便爛人體療疾者要須别引消息用
之耳不得言次翮山東其水東南流左會陽溝水
亂流南注滄河滄河又左得清夷水口魏土地記
曰牧牛泉西流與清夷水合者也自下二水互受
通矣清夷水又西靈亭城水注之水出馬蘭西澤
中衆泉瀉流歸于澤澤水所鍾以成溝瀆瀆水又
左與馬蘭溪水會水導馬蘭城城北負山勢因阿

仍溪民居所給唯伏此水　水南流出城東南入澤
水澤水又南逕靈亭北又屈逕靈亭東落次仲鳥
翮於此故是亭有靈亭之稱矣其水又南流注于
清水清水又西得泉灊水會水導源川南平地北
注清夷水清夷水又西南得桓公泉蓋齊桓公霸
世北伐山戎過孤竹西征東馬縣車上畢耳之西
極故水受斯名也水源出沮陽縣東西而北流入
清夷水清夷水又西逕沮陽縣故城北秦始皇上
谷郡治此王莽改郡曰朔調縣曰沮陽闞駰曰涿
鹿東北至谷城六十里魏土地記曰城北有清夷
水西流也其水又屈逕其城西南流注于溫水濕

水南至馬陘山謂之落馬河

又東南出山

㶟水又南入山瀑布飛梁縣河注壑𣵀湍十許丈謂之馬落洪抑亦孟門之流也㶟水自南出山謂之清泉河俗亦謂之曰千水非也㶟水又東南逕良鄉縣之北界歷梁山南高梁水出焉

過廣陽薊縣北

㶟水又東逕廣陽縣故城北謝承漢書曰世祖與銚期出薊至廣陽欲南行即此城也謂之小廣陽㶟水又東北逕薊縣故城南魏氏土地記曰薊城南七里有清泉河而不逕其北蓋經誤證矣昔周

武王封堯後於薊今城内西北隅有薊丘因丘以
名邑也猶魯之曲阜齊之營丘矣武王封召公之
故國也秦始皇二十三年滅燕以爲廣陽郡漢高
帝以封盧綰爲燕王更燕國城有萬載宫光明殿
王莽改曰廣公縣曰代成東掖門下舊慕容儁
立銅馬象處昔慕容廆有駿馬赭白有奇相逸力
至儁光壽元年四十九矣而駿逸不虧儁奇之比
鮑氏驄命鑄銅以圖其像親爲銘讚鐫頌其傍像
成而馬死矣大城東門内道左有魏征南将軍建
城鄉景侯劉靖碑晉司隸故尉王密表功加於民
宜在祀典以元嘉四年九月二十日刊石建碑揚

于後葉矣㶟水又東與洗馬溝水合水上承薊水
西注大湖湖有二源水俱出縣西北平地道泉流
結西湖湖東西二里南北三里蓋燕之舊池也淥
水澄澹川𨑋望遠亦為遊矚之勝所也湖水東流
為洗馬溝側城南東門注昔銚期啓戟處也其水
又東入㶟水㶟水又東逕燕王陵南陵有伏道西
北出薊城中景明中造浮圖建刹窮泉掘得此道
王府所禁莫有尋者通城西北大陵而是二基趾
盤固猶自高壯竟不知何王陵㶟水又東南高梁
之水注焉水出薊城西北平地泉東注逕燕王陵
北又東逕薊城北又東南流魏氏土地記曰薊東

一十里有高梁之水者其水又東南入濕水也
又東至漁陽雍奴縣西入笥溝
漢光武建武二年封潁川太守寇恂為雍奴侯魏
遺張郃樂進圍雍奴即此城矣笥溝水之别名也
魏氏土地記曰清泉河上承桑乾河東流與潞河
合濕水東入漁陽所在枝分故俗諺云高梁無上
源清泉無下尾盖以高梁微涓淺薄裁足津通憑
籍涓流方成川畎清泉至潞所在分流更為微津
散漫難尋故也

水經卷第十三